Rose Marie Miller

Vom Anspruch, perfekt zu sein

Nie gut genug!

Dieses Buch lädt die Seele zu einer Feier ein.
Es singt von Gnade und es bietet eine Vision
der Hoffnung, die wir in unseren Tagen verloren haben.

Dan Allender, Autor von «Das verwundete Herz»

Rose Marie Miller

Vom Anspruch, *perfekt* zu sein

Nie gut genug!

Schwengeler

Jack, meinem Mann, Freund und Partner,
der immer mehr Potential in mir sah
als ich selbst,

meinen Kindern und Enkelkindern,
die Erben dieses Vermächtnisses
der verändernden Gnade sind,

und den Männern und Frauen, die,
des Lebens wie Waise müde,
die Freude wiederentdeckt haben,
Söhne und Töchter ihres
Vaters im Himmel zu sein,
widme ich dieses Buch.

Originaltitel: From Fear to Freedom

ISBN 3-85666-483-1

Bestell-Nr. 818483

Übersetzung: Martin Otto

Gesamtherstellung und Umschlaggestaltung:
Cicero Studio, CH-9442 Berneck,
www.cicero-studio.ch

Inhalt

Teil III
Der Lebensstil eines wahren Sohnes und einer wahren Tochter

Teil IV
Gottes Familie wächst

Vorwort

Rose Maries Zeugnis ist, dass die Tatsache, Sohn oder Tochter Gottes zu sein, das Herz des christlichen Lebens ist. Das zu verpassen ist wie eine Waise zu leben, der alle Freude geraubt ist. Rose Marie hat die gleiche Begeisterung für Christus und die vergebende Gnade des Evangeliums, die auch Francis Schaeffer in seinem Leben hatte, als er während einer Krise den Wert des Blutes Jesu Christi ganz neu entdeckte.

Es gibt heutzutage einen Hunger unter den Menschen, die neutestamentliche Botschaft zu hören. Becky Morgan, eine Rechtsanwältin in Asheville, North Carolina, schrieb Rose Marie kürzlich, wie die Lehre des «Sonship»-Kurses[1] ihr und einer Freundin geholfen hat. In dem Brief heisst es: «Vor etwa einem Jahr hat eine Freundin von mir, die Frau des Pastors, die «Sonship»-Kurse erhalten, und radikale Veränderungen begannen. Obwohl sie ein theologisches Seminar absolviert hatte, war es ihr, als ob sie nie von der Rechtfertigung im Glauben gehört hätte.» Becky erklärt: «Sie und ich haben zusammen für eine Erweckung gebetet. Wir haben selbst Busse getan über einige grosse Sünden in unserer Familie und auch über den Stolz in unserem Dienst. Wir hatten alles verschlungen, was wir an Biographien von Dr. Martin Lloyd-Jones, Whitefield, Edwards und Spurgeon bekommen konnten – wir wollten einfach zutiefst ehrlich vor Christus sein. Dann begannen unsere Trainingseinheiten – und die Botschaft von der Gotteskindschaft und Gnade kam immer klarer in unser Blickfeld. Wir sind so begeistert. Eine andere Freundin, die besonders unter Frauen Leitungsaufgaben wahrnahm und mit einer perfektionistischen persönlichen Vergangenheit zu kämpfen hatte, war besonders stark durch dein Zeugnis bewegt, Rose Marie.»

---

1 Ein Kurs, den Rose Marie und ihr Mann Jack lehren. In dem Kurs geht es darum, dass wir nicht als Waisenkinder, sondern als Söhne und Töchter Gottes leben.

Becky und ihre Freundinnen sagen, dass sie, wie auch Rose Marie, überrascht wurden von der Gnade, und dass diese Überraschung sie immer wieder treffe. Sie staunen, welche Freiheit entsteht, wenn das Evangelium nicht nur als eine Botschaft für Nichtchristen verstanden wird. Als Rose Marie ihr Buch beginnt, ist sie von mir und ich von ihr frustriert. Wer kann die Schwierigkeiten in der Beziehung zueinander aufbrechen? Keiner von uns. Aber als das Evangelium mich erst einmal tief im Zentrum meines eigenen Lebens gepackt hatte, war ich in der Lage, eine völlig neue Beziehung einzugehen.

Meine ersten Versuche, sie stärker zu lieben, waren zögerlich und fehlerhaft. In meinem Inneren behielt ich noch immer eine richtende Haltung, obwohl mein äusserer Anschein Freundlichkeit vorgab. Doch mir wurde langsam die tiefe Wahrheit bewusst, dass das schreckliche Opfer, das Christus auf sich nahm, nur eins bedeuten konnte: Gott ist für mich. Dies wurde mir durch meinen himmlischen Vater sehr stark bestätigt; und so sollte ich in meiner Berufung, als Sohn Gottes zu leben, auch andere bestätigen und nicht verdammen. Ich fing also an, Rose Marie zu bestätigen. Dabei machte ich mir ein Prinzip zu Eigen: Ich wollte sie lieber neunundneunzig Mal bestätigen und loben als sie einmal kritisieren. Natürlich habe ich das nie vollkommen geschafft, aber meine häufigeren Bestätigungen gaben ihr eine neue Sicherheit in unserer Beziehung. Es versetzte uns in die Lage, uns langsam von der Vermeidung schmerzhafter Auseinandersetzungen wegzubewegen, die durch gelegentliche destruktive Konflikte hervorgerufen wurden, hin zu einer Periode konstruktiven Konfliktes. Diese neue Offenheit bedeutete für uns beide viel Schmerz. Rose Maries Offenheit, mich zu kritisieren, gab mir, dem ansässigen Pharisäer, eine Dosis seiner eigenen Medizin zurück. Meine neue, frei ausgedrückte Wertschätzung für Rose Marie machte ihr aber auch den Weg frei, selbst nach den Wurzeln des Glaubens für sich zu fragen, und, um sie zu zitieren, «zu sehen, wie ich die Rolle des

Opfers gebrauchte, um Jack auf Distanz und Gott aus meinem Leben zu halten».

Sie weiss alles über mein Wanken und hat mich mit aller Freundlichkeit in diesem Buch behandelt. Ich weiss natürlich auch über ihre Situationen, in denen sie wieder in eine Gesinnung des Waisen zurückfiel. Hier und da haben wir noch Konflikte. Aber wir haben beide etwas zutiefst Praktisches über Gnade entdeckt, während wir zusammen beteten. Wir haben mehr als die Worte der Gnade gehört, wir haben die Musik vernommen. Wenn man das Lied des Evangeliums singt, wird die Musik freimachen und du weisst, wie du dann andere in die Freiheit von Furcht und Schuld führen kannst. Rose Marie lädt dich nun ein, ihrem Lied über Gnade zuzuhören und mit einzustimmen. Die Musik geht so: «Zur Freiheit hat uns Christus befreit» (Gal. 5,1).

Jetzt habt ihr es sicherlich erraten: Ich liebe Rose Marie und ihr Lied!

C. John «Jack» Miller

Danksagung

Ich möchte meinem Mann Jack für diese wertvolle Lehre und sein Beharren danken, dass ich ständig die Wahrheit des Evangeliums der Gnade, das mein Leben so berührt hat, hochhalte. Mein grosser Dank gilt auch meinen Kindern, die nicht aufgehört haben, mich während der schwierigen Jahre, die dieses Buch beschreibt, wertzuschätzen. Meine intellektuelle Schuld gegenüber Florence Allshorn, Richard Lovelace, Ray Stedman, C. S. Lewis und R. C. Sproul ist grösser, als ich es ausdrücken kann. Mein Dank gilt auch Sue Lutz, die von dem, was ich geschrieben habe, genug überzeugt war, um die notwendigen Korrekturen vorzunehmen, damit dieses Buch lesbar wurde. Besonderer Dank geht an Laura Keyser für all ihre Arbeit, um dieses Buch für den Verlag fertig zu machen. Ich bin auch den vielen Männern und Frauen dankbar, die das Manuskript gelesen haben, die durch das Lesen zutiefst berührt wurden und gesagt haben: «Dieses Buch muss veröffentlicht werden.» Es sind zu viele, um sie alle beim Namen zu nennen, aber sie wissen, wer sie sind.

Einleitung

Mein Leben als ein Fenster

Es gehört eine ganze Menge Mut dazu, um ein so persönliches Buch wie dieses zu schreiben. Zumindest erforderte es von mir Mut, während ich schwierige Erfahrungen noch einmal durchlebte und danach gerungen habe, zu verstehen, was sie mich für die Seiten dieses Buches gelehrt haben. Es braucht auch ein gewisses Mass an Überzeugung, dass das, was man mitteilt, wertvoll und relevant für andere ist. Solche Zuversicht, wenn sie dann von Gott gegeben ist, drückt auch Glauben aus, dass man etwas mitzuteilen hat. Andernfalls ist es nur eine Vermutung. Ich habe aber die Überzeugung gehabt, etwas weitergeben zu sollen, denn ich glaube, mein Leben ist wie ein Fenster, durch das man Gottes Gnade sehen kann. Dies ist ein Buch über die Gotteskindschaft und den Frieden der Söhne und Töchter Gottes. Es ist ein Ruf zur Befreiung für Frauen und auch Männer, die unter einer Last von unerfülltem Sehnen und alter Schuld arbeiten und die den Gedanken der Errettung durch gute Werke noch nicht aufgegeben haben.

Dieses Buch feiert die Gnade. Leben ist in seinem Kern wie ein unberechtigt eindringendes Feuer, das einen fängt, eine Gefahr, die oft von unserer eigenen Unzufriedenheit herrührt. Das Paradoxe ist, dass Gnade nur den Hilflosen zuteil wird, solchen die wissen, dass sie gefangen sind, und trotzdem den Mut haben, zuzugeben, dass sie durch sich oder andere keine Antwort für ihr Problem finden. Sie sind der Hoffnungslosigkeit entflohen, indem sie Gott um Gnade gebeten haben.

Dies ist die Geschichte der zehn turbulentesten Jahre meines Lebens, die doch auf seltsame Art und Weise die besten Jahre waren. Zu der Zeit hatte ich mehr das Gefühl von Schmerzen als das Bewusstsein von Freiheit. Wenn Sie mir also erzählt hätten, dass ich etwas über Freiheit und Freude lernen würde, hätte ich wohl gelacht oder geweint. Während dieser Jahre stolperte ich durch sechs schwierige und schmerzhafte Krisen:

- die Entscheidung meines Mannes, Pastor zu werden
- die unerwartete Rebellion meiner Tochter
- eine Ehekrise
- meine Einsicht, dass ich Menschen nicht lieben kann
- die Entdeckung der Macht von Generationen-Sünden, vererbt durch meine Eltern
- mein Kampf und meine Unfähigkeit, Unterordnung zu verstehen und zu praktizieren.

Eigentlich hatte ich in meinem Leben meistens zu viel Kraft, auf die eine oder andere Art und Weise. Kraft, anderen zu helfen und mich über die Natur der Gnade zu täuschen. In meiner Blindheit und Ignoranz versuchte ich, mit Strategien weiterzukommen. Zum Beispiel liebe ich Ordnung. Sie scheint so viel zu verheissen. Ich dachte, dass wenn ich äussere Ordnung hätte, mein Herz auch Frieden erleben würde. Diese Strategie bewährte sich nur bis zur ersten Krise, als ich entdeckte, dass ich mich und meine Umstände nicht selbst kontrollieren konnte. Dann, als mein Leben nicht mehr unter Kontrolle war, kam eine andere Not zum Vorschein. Ein eigenartiges, fremdes, plagendes Verlangen nach etwas ganz Neuem. Ich wollte Freiheit, besonders die Freiheit von der Schuld, die in mein Leben gestürmt war, als ich über Leute bitter wurde, die meine Welt ins Wanken gebracht hatten. Betty Friedan schrieb in ihrem unermesslich einflussreichen Buch «The Feminine Mystique», dass die moderne Frau über «ein unbenanntes Problem» besorgt ist. Friedan sagt, dass die Frau von heute von Unzufriedenheit verfolgt wird und sie eine Sehnsucht nach Erfüllung hat. Sie benennt *«andere»* als die Ursache des modernen grundlegenden Problems und schreibt, dass die Freiheit dadurch realisiert wird, dass man sich von den *«anderen»* freimacht – besonders von dominierenden Männern. Nach ihrer Meinung ist eine Frau in der Lage, ihr Leben selbst zu kontrollieren, wenn sie von der Dominanz der Männer frei ist. Als meine Geschichte begann, hatte ich noch nichts von Betty Friedan gelesen. Aber instinktiv stimmte vieles in mir ihrer Idee zu, dass mein Problem andere Leute und ihre Dominanz waren. Ich hatte ein Verlangen nach Freiheit und war zutiefst überzeugt, dass andere die Ursache meiner Gebundenheit waren.

Liv Ullman weist jedoch auf etwas hin, das ich durch meine eigenen Versuche, Freiheit zu finden, lernte. In ihrem Buch «Choices» nennt Ullman es «das Dilemma der befreiten Frau». Sie schreibt über ihre Entscheidung, ihre eigene Unabhängigkeit zu erlangen:

> «Aber nach der Wahl [der unabhängigen Freiheit] gab es eine Menge anderer Regeln, die nicht unbedingt etwas mit der Freiheitsbewegung der Frauen zu tun hatten, denn nach der Befreiung von der Autorität folgte Druck: all die neuen Ideen, die auf Frauen hereinstürzten, die sich nicht sicher waren, wie sie die neu gefundene Unabhängigkeit lenken sollten. Die befreiten Frauen folgten dem Strom anderer,

die, ebenfalls befreit, sagten, was alle anderen sagten, und lasen, was alle anderen lasen, und sich dem anpassten, dem alle anderen sich anpassten.»

Betty Friedan erwähnte den Hunger und gab ihre Lösung. Aber Liv Ullmann beschreibt eine frustrierende Konsequenz. Du wurdest frei *von* was – und *für* was? Für Druck? Für neue Regeln, die von Frauen aufgestellt waren, die angeblich der Dominanz der Männer entronnen sind? Nein, moderne Frauen wollten frei sein vom Druck, und diese Freiheit müssen sie haben. Aber sie kann nicht daher kommen, sich ganz neu zu erfinden. Keiner von uns hätte die Kraft dazu. Denn wir sind nicht Gott, und nur er allein kann uns schaffen und erneuern.

Mein Eindruck ist der, dass die meisten Frauen sich unbewusst genau nach dem Leben sehnen, das Gott ihnen zu geben wünscht. Viele christliche Frauen sympathisieren heutzutage nicht unbedingt mit den Freiheitsbewegungen, aber trotzdem haben sie den gleichen Hunger nach Freiheit im Herzen. Sie wissen nur nicht, wie sie diese Freiheit erhalten können. Damit ich Freiheit finden und fortwährend in meinem Leben ausleben konnte, musste Gott Namen für meine unbenannten Probleme nennen. Seine Definition war die, dass er mir sagte: «Rose Marie, du hast die Gesinnung eines Waisenkindes.» Und so sieht die Einstellung eines Waisen aus:

- Das Leben ist bewusst oder unbewusst auf Selbständigkeit und moralische Willensstärke ausgerichtet. Gnade wird dabei so verstanden, dass Gott einem die Kraft dazu erhält – nicht aber als Gottes verändernde Kraft.
- Glaube wird definiert als der Versuch, härter zu arbeiten und besser zu werden, mit der Aussicht, ein gutes Ziel zu erreichen, was zur Selbstgerechtigkeit führt.
- Gehorsam hat Bezug zu äusseren, sichtbaren Pflichten, bei denen die innere Einstellung und tiefere Motivation praktisch völlig ignoriert wird.

- «Was Leute denken» wird als der wahre moralische Standard angesehen, basierend auf sichtbarem Erfolg oder Versagen.
- Eine *Ich-bin-das-Opfer*-Einstellung wird durch eigene Strategien unterstützt, indem man Mauern um sich baut, anderen Menschen die Schuld zuschiebt, hinter dem Rücken anderer redet und sich selbst verteidigt.
- All das geht einher mit dem Gefühl der Einsamkeit, in dem Glauben, dass einen niemand versteht und man durch die Umstände betrogen ist.

Im Sommer 1973 lehrte Jack in unserem Garten über Gnade:

> Zwei Theologen aus dem 17. Jahrhundert debattierten über die Bedeutung der Gnade. Einer sagte, dass Gnade wie ein Elternteil ist, der ein Kleinkind durchs Zimmer zum anderen Elternteil führt, welcher einen Apfel für das Kind bereit hält. Der Elternteil beobachtet das kleine Kind. Wenn es zu fallen droht, hält er das Kind für einen Moment, damit es nicht fällt und dann alleine in eigener Kraft weiter zum anderen Elternteil gehen kann. Doch der andere Theologe hatte eine andere Sicht von Gnade. Für ihn kommt Gnade nur in der Entdeckung unserer totalen Hilflosigkeit zu uns. Errettung kann nur von «oben» kommen.

Als ich das zuerst hörte, stimmte mein Herz dem zu. Ja, das bin ich. Ich bin gefangen, und ich sehe keinen Ausweg und keine Hilfe. Zu der Zeit war ich mehr von der Vorstellung meiner Auswegslosigkeit beeindruckt, als davon, dass ich Errettung von oben bekommen könnte.

Später freute ich mich an der Idee, Gnade bedeute, dass der Vater seine Hand herunterreicht, um Rose Marie aus der Not herauszuholen. Heute sagt mein Herz mir: *So bin ich. Ich bin in der Falle und ich sehe keinen Ausweg.* Aber nun füge ich dem hinzu: *Aber Jesus wird von oben seine Hand herunterreichen, wenn ich um Hilfe schreie. Er wird mich erretten.*

Hier ist nun mein Thema: Die einzige Hoffnung der Befreiung für eine hilflose, widerstrebende Kreatur ist die Errettung von oben. Jemand muss eingreifen und uns herausholen. Diese Rettung ist das, was uns vom Zustand einer Waisen zum Sohn oder zur Tochter macht. Das ist keine unterstützende Gnade mehr, sondern verändernde Gnade.

Ich möchte hier keine Rezepte präsentieren. Ich möchte, dass du lernst, klarer über deine eigenen falschen Lebenskonzepte nachzudenken und Gott als den einzigen Erretter zu sehen. Gnade wird durch die dringende Bitte des Verzweifelten empfangen. Du hast den Platz des Sünders eingenommen und entdeckst jetzt, dass eine Hand von oben dich auf mysteriöse Weise rettet. Die erste Entdeckung dieser verändernden Gnade bestätigt Gott als deinen Vater. Du bist permanent in seiner Familie. Und doch erneuerst du die Beziehung zum Vater immer und immer wieder, indem du die gleiche verändernde Gnade suchst, die dich in eine Sohn- oder Tochterbeziehung geführt hat.

Erforsche mit mir die Dimensionen der Gnade, die mich freigesetzt haben, als Tochter zu leben. Es ist meine aufrichtige Hoffnung, dass diese Geschichte dir hilft, nicht so sehr um mich kennen zu lernen, sondern Gott, und dass du dich durch seine Augen siehst. Hier ist das Fenster; öffne deine Augen und sieh!

Teil I

DAS GEISTLICHE WAISENKIND

«Ich will euch nicht als Waisen lassen, ich komme zu euch.»
Jesus (Joh. 14,18 – Unrevidierte Elberfelder Übersetzung)

Kapitel 1

Erwachen zum Versagen – Eine Midlifecrisis

Die allererste Träne, die er vergoss, war so tief, dass ich dachte, sie sei direkt in mein Herz gegangen. Und als Aslan anfing, die Haut abzuziehen, spürte ich einen grösseren Schmerz als je zuvor. – *C. S. Lewis, Die Reise auf der Morgenröte*

Man sagt, dass es am dunkelsten immer kurz vor der Morgendämmerung sei. Ich frage mich, ob es einen entsprechenden Spruch gibt, der sagt, dass es am hellsten immer vor der dunkelsten Nacht ist. 1971 hatte mein Leben in vielerlei Hinsicht den hellsten Punkt erreicht. Doch nur wenige Kurven meines Lebensweges liessen mich in der Dunkelheit von Schmerzen und tiefer Verwirrung zurück.

Doch zuerst das Sonnenlicht. In jenem Jahr schien es in die Fenster und Türen unseres grossen, alten, einladenden Familienhauses in Jenkintown, Pennsylvania, einem Vorort von Philadelphia, hineinzuströmen. Über die Jahre hinweg waren das Charakteristische in unserem Haus nicht die Möbel, sondern die Menschen, die ein und aus gingen. 1971 hiessen unsere Haustüren eine Gruppe der einzigartigsten und interessantesten Menschen willkommen, die wir je zu Besuch hatten.

Jack und ich waren seit einundzwanzig Jahren verheiratet. Er unterrichtete in einem Theologischen Seminar und war Pastor einer Gemeinde zwanzig Meilen von uns entfernt, in einem kleinen Dorf namens Mechanicsville. Ich war zu Hause damit beschäftigt, unsere vier unverheirateten Kinder zu erziehen (unsere Älteste, Roseann, hatte gerade geheiratet) und für meine alternde Mutter und meine behinderte Schwester Barbara, die bei uns wohnten, zu sorgen. Es war eine aufregende, aber auch erheiternde Zeit für uns beide.

Die Gemeinde, in der Jack als Pastor arbeitete, zog viele Menschen an, die mit Kirche nichts am Hut hatten. Sie kamen aus den verschiedensten gesellschaftlichen Schichten, von Geschäftsleuten bis hin zu problembeladenen Jugendlichen. Obwohl wir in einiger Entfernung von der Gemeinde lebten, brachten die Hoffnung des Evangeliums und die Liebe, die Jack für die Menschen hatte, viele an unsere Haustür. Im Sommer war unser Haus von Menschen überflutet, die mit Jack über Christus reden wollten, über den sie bisher nie ernsthaft nachgedacht hatten. Jack, ich und die Kinder arbeiteten hart daran, um unser Zuhause für viele verletzte Menschen zu einem Haus der Zuflucht zu machen.

Jack hatte kürzlich eine geistliche Erweckung bei sich persönlich erlebt. Seine neugefundene Freude und Begeisterung über das Evangelium machte Leute neugierig und hellhörig. Jack verbrachte viele Stunden damit, zu erklären, warum Gottes Verheissung der Gnade so viel Hoffnung bietet, und warum das Blut Jesu, das am Kreuz geflossen ist, kraftvoll genug ist, um jedermann zu verändern.

Dieses Thema stiess auf erhebliches Interesse, besonders unter jungen Leuten. Einige von ihnen waren im Gefängnis oder in einer Psychiatrie gewesen. Einige hatten mit okkulten Dingen und mit Drogen experimentiert. Andere waren Frauen, die mit Motorradcliquen unterwegs waren. Ihre Skepsis bahnte den Weg für die erste Regung der Hoffnung, dass das Evangelium auch für sie in ihrer Situation anwendbar sein könnte. Jack erzählte ihnen: «Tut Busse über eure Sünden und vertraut auf Christi Tod und Auferstehung, und euer Leben wird sich total verändern.» Viele von ihnen glaubten und merkten, dass das wirklich stimmte. Aber wie du dir vielleicht denken kannst, brauchten viele Hilfe, um ihr Leben als Christ neu zu strukturieren. Jack und ich hatten das Verlangen, ihnen hierbei zu helfen. Wir teilten dies auch unseren vier Kindern, die noch zu Hause lebten, mit. Ruth studierte am nahe gelegenen *Beaver College*. Unser Sohn Paul war in seinem ersten Jahr an der *Temple University*. Unsere Töchter Barbara und Keren waren an den öffentlichen Schulen in Jenkintown; Barbara in der High School und Keren in der fünften Klasse. Sie stimmten dem zu, unser Haus für verletzte Menschen zu öffnen, und ein grosses und tumultartiges Abenteuer der Gastfreundschaft begann.

Ein Lebensstil des Dienstes

Einer der Gäste jenes Sommers, an die wir uns am meisten erinnern, war Ann, die sechzehnjährige Tochter von Freunden. Ann kam von einer psychiatrischen Station eines staatlichen Krankenhauses zu uns. Dort war ihr gewalttätiger Zorn während einer Therapiesitzung ausgebrochen, und sie hatte einen Psychiater so stark verletzt, dass dessen Kiefer drei Wochen schmerzte. Das Krankenhauspersonal bestand darauf, dass Ann sich einer Operation der Stirnlappen unterziehen müsste, um bleiben zu können, doch Anns zerstrittene Eltern fanden die Bedingung zu hart und wollten es nicht akzeptieren. Auch wir fanden dies zu extrem, und trotz Warnungen, dass Ann gewalttätig und gefährlich war, wurde sie im Juni ein Mitglied unserer Familie.

Ann verhielt sich bei uns zu Hause sehr kooperativ. Sie hatte Probleme mit ihrer physischen Koordination, eine Ursache, die ihre Ungeduld und ihren Ärger auslöste. Glücklicherweise half mir das Zusammenleben mit meiner Schwester Barbara, Anns Frustrationen zu verstehen. Ebenso half mir meine frühere Arbeit als Hilfslehrerin bei lernschwachen und emotional behinderten Kindern. Ich wusste, wie wichtig es ist, ihnen vorsichtig systematisches, körperliches Training zu geben. Diese Art des Trainings machte mir viel Spass. Ich trainierte mit Ann, bis sie es lernte, den Tisch zu decken und den Abwasch zu machen, ohne allzu grosse Unordnung anzurichten. Wir übten es immer und immer wieder, die Teller und das Silbergeschirr zu decken, bis sie es besser tun konnte. Ich ernannte sie zu der Person, die unsere Hausgäste offiziell begrüsste. Bald darauf machte sie ihre Aufgabe ausserordentlich gut und begrüsste die Gäste aufs Freundlichste.

Jack konzentrierte sich mehr auf die inneren Probleme. Er begann damit, Ann zu lehren, dass sie Hoffnung und Zuversicht bei Gott finden kann. Instinktiv hatte sie den Wunsch, sich mit Jack über ihr Verhalten zu unterhalten. Ihre ersten Worte am Morgen waren gewöhnlich: «Glaubst du wirklich, dass ich jemals zum Grund meiner Probleme vorstossen werde?» Jack lächelte in seiner typischen Art und sagte: «Ann, wir sind bereits da. Du bist genauso ein Sünder wie ich. Aber Gott liebt Sünder.» Seine unschlagbare Zusammenfassung holte Ann gewöhnlich aus der Sackgasse und erleichterte ihr den Tag.

Es gab nicht nur Sonnenschein. Eines Tages, als Jack ausser Haus war, begann Anns unrühmliches Temperament zu explodieren. Ich lehnte es jedoch ab, mich von Ann einschüchtern zu lassen, und das wusste sie auch. Wir sprachen die Dinge aus und so endete unser «Beinahe-Konflikt» friedlich. Nach sechs Wochen begrüsste Ann unsere Besucher regelmässig, deckte den Tisch für unsere vielen Gäste und half Jack bei der Gartenarbeit. Bald schon ging sie an Wochenenden nach Hause.

Wir hatten auch andere Gäste. Wiederum zentrierte sich meine Rolle darauf, wie sich Glaube in den äusseren Dingen des Lebens zeigt, während Jack sich um die innere Erprobung des Glaubens kümmerte. Wir versuchten, unseren neuen Freunden dabei behilflich zu sein, arbeiten zu lernen und einander zu helfen. Höflichkeit zu zeigen, Mahlzeiten gemeinsam einzunehmen, die Arbeiten ums Haus herum zu verrichten und gemeinsam in die Gemeinde zu gehen – dies waren die vier einfachen Regeln, deren Einhaltung wir von jedem erwarteten. Wir liessen es nicht zu, dass sich jemand bei uns wie ein wertloser Gast im Hause fühlte. Wir waren eine Familie, und in unserer Familie lachten und arbeiteten alle zusammen.

Zu oft tragen diese Art von Geschichten über alles aufsaugende Dienste die traurige Nachschrift, dass die Kinder dieses Dienstehepaares am Rande stehen und unter Vernachlässigung leiden. Ich weiss mit Sicherheit, dass wir während dieser Zeit nicht alles vollkommen richtig gemacht haben, aber die Mitarbeit unserer Kinder in dem Leben dieser bedürftigen Menschen gab uns den unerwarteten Segen, auch in ihren Herzen geistliches Wachstum zu sehen. Jacks Betonung des «Ich bin ein Sünder, du bist ein Sünder, und Gottes Gnade steht für Sünder bereit» tat ein Übriges in ihren Leben. Für mich war das die endgültige Bestätigung, dass Gott mit dem zufrieden war, was wir taten.

Wir beobachteten das zuerst in unserer ältesten Tochter Roseann, die für den Sommer zu uns nach Hause kam, da ihr Mann Jim an einem Basistraining in Fort Dix, New Jersey, teilnahm. Roseann sah und hörte ihrem Vater zu, während er den Leuten von Christus erzählte. Eines Tages kam sie zu uns und sagte: «Ich habe jetzt gesehen, wie all diese Leute sich verändert haben und ich wusste, dass ich auch tiefe Veränderungen in mir brauchte. Ich ging daher ins Schlafzimmer, fiel auf meine Knie und bekannte jede Sünde, an die ich mich erinnern konnte, und kam als neuer Mensch aus dem Zimmer heraus.»

An einem anderen Tag kam die blonde, blauäugige Jill mit einem bekannten jungen Mann von dem örtlichen Gymnasium zu uns gefahren, weil er mit Jack reden wollte. Sie sass draussen im Auto und wartete auf ihn, kam dann schliesslich herein, ungeduldig fragend, was ihn denn so lange aufhalten würde. Sie sass im Wohnzimmer und hörte gespannt zu, wie Jack ihrem Freund das Evangelium erklärte. Nach zwanzig Minuten brach sie in Tränen aus und sagte: «Ich möchte das haben. Ich möchte Christ werden.» Sie wurde an diesem Tag Christ. Nicht lange danach verliess sie ihren Freund. Und nicht lange danach verlobte sie sich mit unserem Sohn Paul!

Das Beste von allem

Dies waren wundervolle Tage für mich. Ich sah, wie Gott die hoffnungslosesten Menschen veränderte. Nun sah ich auch, wie er unsere Familie veränderte und uns gläubige Partner für Roseann und Paul gab. Unsere Kinder hatten sich als aktive und hingegebene Christen zu erkennen gegeben. Unsere Tochter Barbara verbrachte den Sommer damit, in London bei L'Abri zu arbeiten, einem christlichen Werk, geleitet von Dick und Mardi Keyes, das unter Intellektuellen und arbeitslosen Menschen arbeitet.

Manchmal kam in diesem Sommer auch ein talentierter junger Musiker und Student namens Jim Correnti zum Abendessen, um von Jack mehr über Theologie und die Aufgaben eines Pastors zu lernen. Durch die Abendessen lernte er unsere Tochter Ruth kennen, und so sahen wir ihn in der Folgezeit öfters. Auch Ruths Leben veränderte sich fundamental, und noch bevor der Sommer zu Ende war, verlobten sich Jim und Ruth, um bald zu heiraten. Als Mutter fühlte ich mich mehr als gesegnet.

Das Hochzeitsdatum war auf Freitag nach dem Erntedankfest gelegt. Mit grosser Dankbarkeit gegenüber Gott und vielleicht auch ein wenig Selbstgratulation beobachtete ich Ruth, wie sie den Gang an der Hand ihres Vaters entlangschritt. Das Gebäude war mit Menschen überfüllt. Unten im Kirchsaal waren lange, weiss gedeckte Tische mit Kuchen, Süssigkeiten, Brot und einer dreistöckigen Hochzeitstorte beladen.

Meine Augen füllten sich mit Tränen, als ich dem Versprechen des Hochzeitspaares lauschte. Mein Herz füllte sich mit all den guten Erinnerungen, die wir als Familie erlebt hatten.

Ich erinnerte mich an Roseanns Hochzeit vor neun Monaten in unserer kleinen Dorfgemeinde. Sie ging den Gang in der Kirche am Arm ihres Grossvaters, meinem Vater, entlang. Diese Erinnerung war besonders schmerzlich, denn nur sechs Wochen später verstarb er. In den dazwischenliegenden Monaten hatte ich das Ausgiessen von geistlichen Segnungen und Kraft gesehen, die ich gerade beschrieben habe.

Während ich Jack sagen hörte: «Du kannst jetzt die Braut küssen», dachte ich bei mir: *Das Leben könnte nicht schöner sein. Alle meine Kinder sind Christen. Ich kann bezüglich ihrer Zukunft zuversichtlich sein.* Für mich machte das alles Sinn. Das war das Ziel, auf das ich mein ganzes Leben hingearbeitet hatte. Hatte ich denn keinen Glauben? War das Universum nicht auf einer moralischen Ordnung gegründet? Begünstigte es nicht die hart arbeitenden und gerechten Menschen? Waren Jack und ich nicht treu darin gewesen, unsere Kinder in den Dingen Gottes zu unterweisen? Wir hatten hart daran gearbeitet, ihnen Bibellehre zu geben, den Katechismus aufsagen zu können und ihnen eine christliche Schulausbildung zu ermöglichen. Wir lehrten sie, uns als Eltern zu ehren, gute Manieren anzunehmen, verantwortlich zu sein und selbst hart zu arbeiten. Nun sah ich die Frucht meiner Anstrengungen.

Zusammenbruch der Illusionen

Wie sich herausstellte, enthielt die Frucht meiner Arbeit den Samen zu seiner eigenen Zerstörung, obwohl ich das zu der Zeit noch nicht bemerkte. Ruths Heirat war in vielerlei Hinsicht der Höhepunkt in der Bestätigung des Lebens, das ich vor Gott und anderen Menschen leben wollte. Nun wurde es zu einem Ereignis, das meine Sicht von mir und allem, was ich bisher in meinem Leben getan hatte, verwüstete. Es begann ganz harmlos an einem Nachmittag, als eine Freundin und ich im sonnendurchfluteten Wohnzimmer Tee tranken. Sie bemerkte ganz beiläufig: «Jim und Ruths Hochzeit war wunderschön,

Rose Marie, aber es ist einfach zu schade, dass ihr nicht genügend zu essen hattet.» Ich war erschlagen. Meine geistige Welt verfinsterte sich. All die wunderbaren Erinnerungen an Ruths Hochzeit verblassten durch die Enthüllung eines sozialen Versagens. Ich dachte, *ich habe Jims Familie, Jim, Ruth und unsere vielen Freunde enttäuscht.* Ich konnte die intensiven Schuld- und Schamgefühle nicht abschütteln. Für Monate war ich auf mein Versagen bei Ruths Hochzeit fixiert.

Freunde hatten extra Essen und Getränke für Ruths Hochzeit angeboten, aber überzeugt von meiner eigenen Planung, hatte ich ihr Angebot dankend abgelehnt. Anstatt dass ich mich nun diesem offensichtlichen Charakterfehler an mir selbst stellte – meiner anmassenden Selbstsicherheit – schloss ich, dass Gott es war, der mich im Stich gelassen hatte, als ich ihn brauchte.

Losgelassene Schuld

Es überrascht mich jetzt nicht, dass diese Strategie – das Ignorieren meiner eigenen Sünden und meines Versagens und stattdessen Gott die Schuld in die Schuhe zu schieben – nicht funktionierte. Stattdessen vertiefte es nur meine Last der Schamgefühle und meine Sorge um den Zwischenfall. Es weckte in mir auch andere Schuldgefühle aus dem Zustand des Winterschlafes, Gefühle, die ich unbewusst unterdrückt hatte. Diese Gefühle standen mit meinem lieben Vater in Verbindung. Diese waren sogar noch tiefere Schatten und Täler, die ich nicht loslassen konnte.

Mein Vater war eine besondere Person für mich gewesen und ein ganz wichtiger Teil der Familienordnung, als ich aufwuchs. Er war sehr vorausschauend und überaus treu im Verrichten seiner Aufgaben in der Familie – Charakterzüge, die ich im höchsten Masse schätzte, weil sie mir Sicherheit gaben. 1965 zog er von Kalifornien mit meiner Mutter und meiner Schwester Barbara in den zweiten Stock unseres Hauses. Am Morgen des Märztages 1971, an dem Vater starb, kam meine Schwester, um mir zu sagen, dass Vater krank sei. Ich machte mich fertig, um zu duschen. Sobald ich fertig war, ging ich in den zweiten Stock und fand Vater im Bett – tot durch eine sehr starke Blutung im Gehirn.

Ich schämte mich zutiefst. Ich hatte meine Pflicht gegenüber meinem Vater zum Zeitpunkt des Todes nicht erfüllt. Ich hätte direkt nach oben gehen sollen, um herauszufinden, wie krank er wirklich war. Das Unbehagen über mein schuldhaftes Versagen war andauernd und echt. Ich hatte meinen Vater verraten, meinen lebenslangen Freund, und die Familienordnung auf ihrer grundlegendsten Stufe verletzt. Auch zum Zeitpunkt seines Todes hatte ich diese Gefühle nie mit Jack besprochen. Ich entschloss mich, nicht über meine Trauer nachzudenken, und unterdrückte meine Gefühle. Ich dachte, dass ich stark genug wäre, mit dem Verlust und dem Schuldgefühl klarzukommen. Und für eine gewisse Zeit war ich das auch, doch mein Versagen auf Ruths Hochzeit brachte diese ungelösten Schuldgefühle wieder zum Vorschein.

Als dieses Schamgefühl über mich hereinbrach, konnte selbst ich sehen, dass ich in einer emotionalen Krise steckte – einer Midlifecrisis. Trotzdem sah ich nicht, dass diese Krise ihre Wurzeln in einem tieferen Glaubensproblem hatte. Ich realisierte nicht, dass die Zuversicht, die ich in meinem Leben immer hatte, nicht, wie ich annahm, Glauben war, sondern ein Verlassen auf meine eigene Kompetenz, sei sie real oder nur eingebildet. Als meine Kompetenz durch mein Versagen in den momentanen Lebenslagen in Frage gestellt wurde, wie z. B. den Tod meines Vaters oder die Hochzeit meiner Tochter, begann meine Zuversicht einzustürzen. Und doch, weil ich dachte, dass ich im Glauben leben würde, verstand ich nicht, was passierte.

Das vermessene Selbstvertrauen mag wie Glauben aussehen, doch es hat eine ganz andere geistliche Wurzel (Jer. 17,5–10). Glaube und Vermessenheit sehen ähnlich aus, weil beide Eigenschaften durch Überzeugung charakterisiert sind, aber Glaube beginnt mit der Anerkennung und Akzeptanz der totalen menschlichen Schwachheit. Der Glaube vertraut ausschliesslich auf Gott und sein gnädiges Entgegenkommen, um uns zu bevollmächtigen.

Vermessenheit ist dagegen ein Sichverlassen auf menschliche, moralische Fähigkeiten und religiöse Leistungen, auf sichtbare Sicherheiten.

Vermessenheit ist ein Sichverlassen auf menschliche, moralische Fähigkeiten und religiöse Leistungen, auf sichtbare Sicherheiten. Vermessenheit verlässt sich ganz auf menschliche Willenskraft, um Gott und Menschen zu dienen. In meinem Fall verliess ich mich unbewusst auf Jack und vergangene Erfolge oder meine eigenen Fähigkeiten. Und mir wurde bewusst, dass eine Mischung aus Vermessenheit und Glaube eine persönliche Instabilität produziert, die sich in Krisenzeiten und Lebensveränderungen bemerkbar macht. Aus Gottes Sicht ist der Mangel an Glauben ein grosses Übel und die Wurzel von zahlreichen anderen Übeln. In Jakobus 1 lernen wir, dass in Zeiten grösserer Versuchungen viele religiöse Leute «wellengetrieben» und «wankelmütig» erscheinen. Solche Menschen können nichts vom Herrn empfangen (Jak. 1,6–7). Nur der Glaube verbindet das Leben mit Gott und seiner überreichen, väterlichen Gnade. Wenn diese Kommunikationslinie unterbrochen ist, dann lebt die Seele einsam, wie eine Waise.

Dies so zu sehen, ist nie einfach gewesen. Doch heutzutage wird die Schwierigkeit durch die Gewohnheit, jedes Problem und jede Sünde auf psychologische Gründe zu reduzieren, verstärkt. Ich selbst war verwirrt, denn ich hatte ja ein gewisses Mass an Glauben, aber mein Glaube war verderbt – und erwies sich als kraftlos – durch mein vermessenes Vertrauen in meine eigene Kraft.

Wie Gott uns erreicht

Wie handelt Gott nun mit solchen verborgenen Mustern der Sünde in seinen Kindern? Zuerst muss er diese Muster aufdecken. Worauf ist der vermessene Glaube für sein Fortbestehen angewiesen? Er benötigt günstige Umstände und Erfolgsgefühle, die auf sichtbaren Ergebnissen basieren. Deshalb muss Gott, wenn er uns erreichen will, diese Ergebnisse und Erfolge von uns nehmen.

Gott geht mit unserem falschen Vertrauen hart ins Gericht. Wenn unser Selbstvertrauen durch Lebensveränderungen ins Wanken gebracht wird, steigern wir unser Streben nach unseren «Kräften», seien es innere Qualitäten, äussere Errungenschaften oder andere Menschen. Aber es folgt nur Leere. Wie eine Waise schreien wir: «Ich bin verlassen», doch die Tatsache ist, dass Gottes Gnade uns intensiver denn je verfolgt.

Heute kann ich die Liebe hinter Gottes Plan sehen. Aber zu jener Zeit dachte ich, dass meine fundamentalen Probleme psychologisch, emotional und ehebedingt waren. Heute erkenne ich, dass die Wurzel meines Problems darin bestand, dass ich Gott nicht tief genug persönlich kannte. Ich wusste noch nicht einmal, was in meinem rebellischen Herzen vor sich ging. Durch die Art, wie ich mein Leben lebte, widerstand ich der Gnade und ihren Auswirkungen aktiv, aber ich erkannte es nicht.

Gott liess mich sozusagen alleine, damit die Enthüllung meiner Unzulänglichkeiten mir Gottes Zulänglichkeit zeigen würde. Er entzog mir seine Gegenwart, so dass ich anfangen konnte, mich nach seiner Gnade auszustrecken, um von ihm Hilfe zu erfahren. Er sagte zu mir: «Ich habe dich dich selbst an diesen Platz der Einsamkeit und Schuld bringen lassen. Nun möchte ich, dass du mir zuhörst.»

Ich wünschte, ich könnte sagen, dass ich zugehört hätte, aber ich tat es nicht. Ich las viele christliche Bücher, die mir Lösungen anboten, um mit meinen Problemen fertig zu werden, aber sie blieben bei mir erfolglos, da ich sie durch die Brille meines Selbstvertrauens und Auf-mich-selbst-Verlassens las. Ich dachte wirklich, dass Methode und Technik und neue Bestimmungen und Ordnungen die Ebene waren, durch die ich meine Probleme lösen konnte.

«Ich bekomme keine Hilfe»

Ich erinnere mich, wie wir eines Abends nach dem Gottesdienst draussen vor der Gemeinde standen. Einige von uns sprachen über das Gleichnis von dem Freund, der um Mitternacht um Hilfe bat (Luk. 11,5–13). Jack verband diese Geschichte mit unserer Berufung zu Söhnen und Töchtern Gottes. «Als Kinder des himmlischen Vaters», so sagte er, «ist es der grösste Bedarf, den Vater ständig um seine Hilfe zu bitten.»

Für einen kurzen Moment flammte ein Hoffnungsschimmer in der Dunkelheit meiner ermüdenden Schuld und meiner blinden Vermessenheit auf. Ich war geneigt, mehr Fragen zu stellen, aber die Waise in mir sagte «nein». Stattdessen zog ich mich immer mehr in Selbstmitleid zurück, das so schnell über einen kommt, wenn man versucht, ohne Gnade zu leben. Ich erinnere mich noch, wie ich inmitten dieses geschäftigen Jahres dachte: *Ich helfe jedem anderen, aber ich erhalte keine Hilfe als Gegenleistung.*

Zu meiner Schande unterdrückte ich das Wirken des Heiligen Geistes an diesem Abend. Ich hätte mich zu ihm wenden können, um mehr über den Glauben und die Gnade und was es bedeutet, ein Kind Gottes zu sein, zu erkennen und zu lernen. Stattdessen wählte ich den destruktiven Weg und kehrte mich nach innen.

Dadurch verletzte ich mein emotionales Leben. Ich hatte mich nicht geöffnet. Das Gegenteil war der Fall. Ich verschloss mich noch mehr. Heilung kann nur kommen, wenn dieser Prozess umgekehrt wird. Doch es gab etwas, was ich noch dringender sehen musste: Meine Weigerung, auf den Heiligen Geist zu achten, war das Böse des Unglaubens (Hebr. 3,12–13).

Bald darauf erntete mein Geist die Konsequenzen. Ich entdeckte, dass ich nicht die Kraft hatte, die zunehmende Selbstverachtung zu stoppen, die sich in meiner Gedankenwelt ausbreitete. Selbstverachtung plagte mich, doch war ich nicht gewillt, jemandem gegenüber zuzugeben, dass ich ein Problem hatte. Die Weigerung, in der Kraft der Gnade Gottes zu leben, isoliert eine Person von Gott, aber auch von Menschen. Man fühlt sich geistlich und emotional wie ein Waisenkind.

Geistliche Waisen sehen sich in ihrem emotionalen Schmerz als demütige Leidtragende. Tatsache ist, dass sie einfach verschlossene Menschen sind, die zu stolz und furchtsam sind (die zwei liegen eng beieinander), Versagen, Unvollkommenheiten und Sünden zuzugeben und ihre vollkommene Abhängigkeit von Gott zu bestätigen. Ich war mit den Gefühlen des Versagens, die mein Herz beherrschten, allein gelassen. *Ich kann doch nicht die Schande meines Versagens zugeben*, sagte ich zu mir. *Wer könnte das tun?*

Gnadenschimmer

Gott gebraucht oft tief beunruhigende Lebensumstände, um das überhebliche Selbstvertrauen zu offenbaren, das im Leben der geistlichen Waise herrscht.

- Du kannst dich auf diese Einstellung überprüfen, indem du auf deine Reaktion achtest, wenn das Leben ausser Kontrolle gerät. Wenn du Schmerz und Leid dadurch bewältigst, dass du anderen die Schuld in die Schuhe schiebst und es ablehnst, von Gott zu lernen, und böse wirst und dich verteidigst, dann hast du das Selbstvertrauen einer Waise und nicht den Glauben eines Sohnes oder einer Tochter.

Gebet: Herr, mache mich willig, die Schmerzen einer gesunden Selbstprüfung zu akzeptieren. Zeige mir den Unterschied zwischen dem Glauben eines Sohnes oder einer Tochter und dem vermessenen Selbstvertrauen einer Waise. Amen.

Kapitel 2

Dem Schmerz begegnen – «Ich weiss noch nicht einmal, ob Gott existiert»

Glaube hilft uns auf, wenn wir darniederliegen, doch der Unglaube wirft uns nieder, wenn wir aufrecht gehen. [...] Durch den Glauben haben wir unser Leben in Christi Fülle, aber durch Unglauben verhungern und verschmachten wir.
– John Bunyan, The Complete Works of Bunyan

Das Jahr 1971 endete so, dass mein Leben noch immer von den destruktiven Denkmustern des Versagens und der Schuld beherrscht war. Äusserlich war mein Leben durch den aktiven Dienst an bedürftigen Menschen in meinem Haus gekennzeichnet. Innerlich fühlte ich mich bedürftiger als alle von ihnen, ohne jedoch eine Ahnung zu haben, wie ich dem selbst auferlegten Gefängnis des Christseins ohne Gnade entkommen konnte. Mein Gefühl von Einsamkeit, Schuld und Verlassensein verstärkte sich, aber mein Pflichtbewusstsein und mein Selbstvertrauen liessen es niemals zu, dies in irgendeiner Weise zu zeigen. Meine Schultern sackten immer mehr zusammen, aber meine selbst auferlegte Last liess ich nie fallen.

Das Nest ist leer

In meinem persönlichen Leben war ich mit einer Zeit fortgesetzter Verluste konfrontiert. Dadurch dass Roseann und Ruth verheiratet waren, begann sich unser Nest zu leeren. Für die folgenden Monate war geplant, dass Barbara ans College ginge und Paul und Jill heiraten würden. In zwei Jahren würden so von fünf Kindern, die zu Hause wohnten, nur noch eins übrig bleiben – die blonde, fröhliche Keren.

Gerade der Verlust von Roseann und Ruth zeigte mir, wie sehr ich von unserer wohl strukturierten Familienordnung abhängig war. In den Jahren, wo wir sehr mit unserem Elternsein beschäftigt waren, hatten weder Jack noch ich realisiert, dass es keine menschliche Ordnung gibt, die dauerhaft bleibend und befriedigend ist. Es war uns nicht in den Sinn gekommen, uns auf die Tage vorzubereiten, an denen unsere Kinder uns verlassen würden. Unsere Kinder und unser Dienst waren viel mehr das Zentrum unseres Ehelebens, als wir dachten.

Ich fühlte mich sehr alleine, denn unsere Kinder waren der Dreh- und Angelpunkt in meinem Leben. Meine Gefühle des Verlassenseins wurden jeden Tag stärker, aber gemäss der Gewohnheit trieb mich meine Willenskraft noch mehr in die Arbeit. Ich entschied, mich mehr anzustrengen, weil ich Christ war. Ich betete und las die Bibel fleissiger, aber alles schien mir so trocken zu sein. Angespannt wie ich war, sehnte ich mich nach mehr. Wie vorauszusehen war, führten meine Frustrationen zu immer stärkerer Selbstkritik und wachsenden Forderungen an Jack.

Ich betete und las die Bibel fleissiger, aber alles schien mir so trocken zu sein.

Ich beobachtete, wie Jack sein dienstliches Beschäftigtsein dazu benutzte, seine Gedankenlosigkeit mir gegenüber zu rechtfertigen. «Deine Programme sind dir wichtiger als meine Nöte und Sorgen», beschwerte ich mich. Ich denke nicht, dass ich jemals zuvor so etwas zu ihm gesagt hatte.

Ich erwartete, dass Jack aufspringen und die Leere ausfüllen würde, auf die ich ihn durch meine Beschwerden aufmerksam gemacht hatte. Doch er fühlte sich durch meine wachsenden Forderungen bedroht und durch meine neuen Gefühlsschwankungen verwirrt. Es wurde offensichtlich, dass wir nicht die nötige Vertrautheit und die Kommunikationsfertigkeiten besassen, um durch eine Krisenzeit zu kommen. Wir hatten kein Problem damit, gemeinsam über unsere Erfolge zu reden. Aber wir wussten nicht, wie wir uns für unsere inneren Probleme öffnen sollten. Unserer Kommunikation fehlte es an Tiefe und Ehrlichkeit. Jack schien beinahe Angst vor seiner fordernden Frau zu haben.

Zu dieser Zeit gab Jack sein Pastorenamt ab, um mehr Zeit zum Lehren am Seminar zu haben. Das gab ihm die Möglichkeit, mehr zu Hause bei unserer erweiterten Familie und den Gästen helfen zu können. Es sprach sich herum, dass Jack viel zu sagen hatte. Geistlich hungrige Menschen kamen von überall her, um mit ihm zu reden. Aber manchmal wurde es ihm zu viel – und so vielen Besuchern Gastfreundschaft zu bieten, war dann keine Ehre mehr.

Ich trug nun eine doppelte Last – die Arbeit selbst und die noch schwerere Last meines Ärgers. Ich dachte, dass ich dieses Leben der Schwachheit und Überbeanspruchung nicht verdient hätte. Ich war mir sicher: *Die Leute zehren mich aus. Ich mag es, mit ihnen zu arbeiten, aber ihre Nöte sind endlos und viele, die kommen, sind so negativ! Ich habe jetzt selber Nöte. Wer wird denen begegnen?*

Im Inneren war ich ausgebrannt und ich verstand nicht, warum Jack nicht mehr tat, um mich vor Leuten zu schützen, die dachten, dass ich unzerstörbar wäre. Heute erkenne ich, dass sie diese Idee von *mir* hatten. Ich war nicht bereit, vor der Welt zuzugeben, dass ich zu schwach war, um als Gastgeberin den ganzen Tag verschiedenen Gruppen von Leuten zu dienen. Stattdessen sah ich mich als Opfer ungünstiger Umstände. Ich fühlte mich hilflos, weil ich meine Schwachheit nicht zugeben konnte.

Jack sah meine Schwachheit. Er arrangierte die dringend nötige Reise nach Cuernevaca, Mexiko, für einen Monat.

Paradies gefunden! – und verloren

Cuernevaca liegt sechzig Meilen südlich von Mexiko-Stadt, auf einem Hochplateau. Ich liebte es. Es ist eine Stadt, die sich durch warmen Sonnenschein, tropische Pflanzen und gastfreundliche mexikanische Menschen auszeichnet. Wir waren in einem schönen Hotel untergebracht, das als Freizeitzentrum umgebaut wurde. Ich genoss es, auf den weissen, gekachelten Pool zu schauen, der im Sonnenlicht strahlte. Grosser, grüner Farn, lila und weisse Azaleenbüsche umringten ihn. Paradies gefunden! Hier konnte ich Ruhe finden und nach Herzenslust schwimmen.

Nach zwei Wochen in all dieser Freundlichkeit und Schönheit rief Jack zu Hause an. Paul sagte: «Papa, Barbara rennt mit einem Haufen Leute herum, die einen schlechten Einfluss auf sie haben.» Jack fragte unsere Tochter, ob sie uns in Mexiko besuchen würde, und widerwillig stimmte sie dem Besuch zu.

Nach einigen Tagen des Zusammenseins besuchten wir drei eine Hochzeit. Unserer Meinung nach waren Barbaras Flirts mit einem männlichen Gast höchst unangebracht. Wir versuchten, ihr Benehmen zu korrigieren, aber wir übertrieben es, besonders ich. Barbaras Antwort darauf war, dass sie ausdrücklich betonte: «Ich brauche meine Freiheit. Ich finde nicht, dass das Christentum mir hilft. Ich habe alles probiert, aber es klappt bei mir nicht.»

Ich war erschlagen, wie erstarrt. Dann nahm ich die Bibel und fing an, ihr all die Verheissungen Gottes vorzulesen, die mit der Hölle endeten. Sie sass totenstill da. Nun fing ich an zu weinen, las aber weiter. Dann begann ich zu schimpfen. Dies dauerte etwa zwei Stunden. Ich gab Jack keine Chance, viel zu sagen. Ich war voller Wut, Zorn und Furcht.

Wie ein Wirbelsturm, dessen Kraft nachlässt, wenn er auf die Küste stösst, hörte ich plötzlich auf. Jetzt waren alle erschöpft.

Ich konnte keinen Sinn in Barbaras Benehmen erkennen. Der Wandel in ihr schien über Nacht gekommen zu sein. Ich mag keine Überraschungen, und schon gar nicht solche, die die Familienordnung durcheinander bringen, doch plötzlich hatte ich eine riesige an der Hand. Ich dachte, *ein Kind zu haben, das mich und das, was ich glaube, ablehnt, ist so, als wenn Gott mich ablehnen würde.*

Ich fühlte mich, als ob meine ganze Seele zerrissen wäre. Der warme Sonnenschein war vergessen. Ich konnte in den Blumen keine Schönheit mehr entdecken. In nur wenigen Stunden wurde Cuernevaca zu einem verlorenen Paradies. Ich war mir nur noch unbeschreiblicher Furcht bewusst, einem starken Schmerz in meiner Brust und einem niederdrückenden Gefühl in der Tiefe meines Bauches.

Es wäre viel besser gewesen, wenn ich gesagt hätte: «Barbara, es tut mir unendlich Leid, dass ich meine Beherrschung verloren habe, würdest du mir bitte verzeihen?» Mein ganzes Ziel hätte es sein sollen, ihr klar zu machen, dass – obwohl ich überhaupt nicht mit dem, was sie tat, übereinstimmte – ich sie doch mit bedingungsloser Liebe als meine Tochter akzeptieren würde.

Die Ironie dabei war, dass ich selbst keine durchgreifende Busse in meinem eigenen Leben erfahren hatte, und nun erwartete ich dies von meiner Tochter. Vielleicht wäre der Bruch mit Barbara nicht so ernst gewesen, wenn ich nicht so übertrieben und falsch reagiert und ihr ehrliche Fragen über ihre Zweifel und Ängste gestellt hätte, besonders weil einige der Fragen meine eigenen waren.

Zuerst zogen Jack und ich uns von Barbara zurück. Doch Jack erholte sich schneller und ging wieder auf sie zu. Meine Welt mit ihren christlichen Überzeugungen war in ihren Grundfesten erschüttert. Als Barbara im Herbst zum College ging, wurde die emotionale und geistliche Distanz zwischen uns nur noch grösser.

Der endgültige Schlag kam im nächsten Frühling, im April 1973, als ich einen Brief von Barbara mit folgendem Inhalt las: «Liebe Mama, lieber Papa, ich weiss, dass es euch nicht gefällt, dies zu hören, aber ich werde im Sommer mit meinem Freund zusammenziehen.»

Ich fühlte mich, als ob ich körperlich angegriffen worden wäre. Obwohl wir viele Leute um Gebet baten, hatte ich wenig Hoffnung, dass es sofortige Hilfe bringen würde. Barbara war Gott und uns gegenüber so kalt. Sie lebte im Unglauben und war von einer eigenartigen Blindheit beherrscht, die ich als furchterregend empfand.

Zu dieser Zeit war Jack Pastor einer neuen Gemeinde, die er auch gegründet hatte, die New Life Presbytarian Church in Jenkintown. Obwohl seine Aufgabe als Pastor nicht so anstrengend war wie in Mechanicsville, wuchs die Arbeitslast doch schnell an. Wir hatten wieder Leute mit sehr schweren emotionalen und persönlichen Problemen bei uns zu Hause wohnen.

Ich unterstützte Jack im Aufbau der neuen Gemeinde. Gleichzeitig wollte ich, dass Jack sich Zeit nahm, mir bei meinen Problemen und Gefühlen zuzuhören. Zu meinen Schuldgefühlen und Befürchtungen bezüglich Barbara kamen noch die körperlichen Veränderungen der Wechseljahre hinzu, was meine Gefühle verstärkte. Ich verlangte Jacks Aufmerksamkeit. «Du bist als Pastor für jeden da, und jedem hilfst du. Warum kannst du mir nicht helfen?» – Diese verbalen Fluten überrollten ihn mit einer solchen Intensität, dass sein eigenes Boot in Gefahr schien zu versinken.

Eine lebensverändernde Studie

Nach fast einem Jahr der Spannung zwischen uns fing Jack langsam an, sich zu verändern. Zu der Zeit nahm ich das noch nicht wahr, aber die Spannungen in unserer Beziehung hatten ihn dazu getrieben, den Galaterbrief zu studieren. Beeinflusst durch dieses Studium brachte er eines Abends den Mut auf und fragte mich: «Wenn es irgendetwas an mir geben würde, das du verändert sehen möchtest, was wäre es?»

Ohne im Geringsten zu zögern, sagte ich mit Nachdruck: «Ich möchte, dass du mir zuhörst.»

Jack war total überrascht. Ich kann mich noch an den leeren Gesichtsausdruck erinnern. Überhaupt kein Verständnis! Schlussendlich sagte er: «Kannst du mir sagen, warum du das gesagt hast?»

Er hörte mir zu, als ich ihm von seinen Defiziten als zuhörender Ehemann erzählte. Ich konnte sehen, dass dies ein ganz neuer Gedanke für ihn war. Er selbst sagte wenig. Nicht lange danach begann er ein intensives Studium des 3. und 5. Buches Mose und des Galaterbriefes. Zuerst sah ich wenig Veränderung an ihm – zumindest keine Veränderung, von der ich bereit war, sie anzuerkennen. Doch er lernte mir zuzuhören. Er schien sogar seine Ängste wegen Barbara verloren zu haben.

Der Unterschied zwischen uns wurde sichtbar, als sich der Januar 1974 näherte, das Datum, an dem Barbara ihre Hochzeit mit Tom plante, dem Mann, mit dem sie zusammenlebte. Jack näherte sich diesem Ereignis mit vorsichtigem Enthusiasmus. Er versuchte Tom als Freund zu gewinnen. Er ging offen und entspannt mit Barbara um. Ich war beeindruckt. Jack redete auch offen mit Barbara über seine Zweifel über den Fortbestand der Ehe. Aber trotz seiner Offenheit begegnete er ihnen mit Freiheit und Freundlichkeit und tat alles in seiner Kraft Stehende, um ihnen zu helfen. Barbaras Freunde wurden langsam mit ihm vertraut.

Nach der Hochzeit fuhr Jack damit fort, sich weiter in den Galaterbrief zu vertiefen. Seine Beziehung zu mir wurde weniger verkrampft und er versuchte, mich auf jede nur erdenkliche Art und Weise zu bestätigen. Trotz seiner Bemühungen nahmen meine emotionalen Forderungen zu und meine anhäufenden Aufzeichnungen seiner Fehler wurden länger. Ich dachte, *er ist Pastor und sollte es besser wissen.* Ich hatte die Anschauung der vielen Leute, mit denen wir arbeiteten, übernommen. Viele wollten keine Verantwortung für ihr Leben und ihr zerstörerisches, selbstsüchtiges Verhalten übernehmen.

Eine zerstörerische Ansicht

Wie sie, sagte auch ich zu mir selbst: «Es wird mehr gegen mich gesündigt, als dass ich sündige.» Ich hatte mich selbst überzeugt, dass mein Ehemann mir Unrecht getan hatte, und er musste mir schon viel Gutes tun, bevor er mit meiner Gnade rechnen durfte.

Ich schaue jetzt zurück und sehe, wie rücksichtslos ich in meiner eigenen Blindheit war. Jack erkannte, wie er mir helfen konnte, doch ich wies seine suchenden Fragen über die Natur des Glaubens und mein Verständnis von Christus ab. Er schien sich zu fragen, ob ich Willenskraft mit Glauben verwechselt hätte, und ich war erzürnt über seine Andeutung. Ich hatte eine perfekte «Waisen-Mentalität» entwickelt, um seine Fürsorge abzulehnen.

So sah das abwehrende Verhaltensmuster aus:

Erstens: Ich verlangte Hilfe. Zweitens: Ich definierte Hilfe als «jemand, der mich versteht». Drittens: Ich bestand darauf, dass niemand wirklich versucht hatte, mir zu helfen. Viertens: Ich dachte, ich hätte Besseres als dies verdient. Fünftens: Ich vermied es, Verantwortung für mich selbst zu übernehmen, indem ich «sein Versagen» herausstellte. Ich hatte einen undurchdringbaren Ring einer Waise errichtet. Keiner konnte hereinkommen, und ich konnte nicht heraus, weil ich hartnäckig die Hilfe ausschlug, nach der ich verlangte.

Hinzu kommt die Tatsache, dass ich von Jack erwartete, was kein Mensch geben konnte: die Wiederherstellung der Ordnung in meinem emotionalen Leben und Berge von bedingungsloser Liebe. Ich wollte, dass er mich glücklich machte und jeden veränderte, der mit ihm sprach – je schneller desto besser, damit sie kein Problem für mich würden.

Irgendwie identifizierte ich in meiner Verwirrung Gott und Jack in meinen Gedanken als Kontrollzentren, und schnell schloss ich, dass wenn Jack mir nicht half, vermutlich auch Gott es nicht tun würde. In meinem Selbstmitleid wunderte ich mich, warum Gott aufhörte, mir zu helfen. Ich hatte mich auf Gott verlassen, um Ordnung und Sicherheit aus dem Chaos zu machen. Und nun stand ich hier und versuchte mit aller Kraft, Ordnung in meinem Leben zu halten, nur um dabei noch tiefer in Schuld und innere Isolation zu stürzen. Ich entschied mich, härter an meinem Problem zu arbeiten, aber es schien, als ob ich nie zum Grund meines Problems vorstossen würde. Ich betrieb eine intensive Selbstanalyse, aber das half mir nicht, meine wachsende Schuld und Angst zu erleichtern.

Ein schmerzhaftes Bekenntnis

Gibt es einen Schöpfer – einen Gott, der sich wirklich um mich kümmert?

Während unseres Sommerurlaubs in Tennessee nahmen wir auch Gail mit, eine problembeladene Frau, die bereits bei uns wohnte. Wir fuhren den *Blue Ridge Parkway* entlang und zelteten im *Shenandoah National Park*. In dieser Nacht, weit entfernt von dem Alltagsleben, das die schmerzhaften Fragen in mir aufwarf, brauchte ich lange, bis ich einschlief. Ich lag in meinem Schlafsack und schaute zu den Sternen und fragte mich: *Gibt es einen persönlichen Schöpfer – einen Gott, der sich wirklich um mich kümmert?*

In Tennessee blieben wir im gastfreundlichen Haus von Fred und Leda, das am Seeufer lag. Wir planten, Gails Eltern dort zu treffen. Die Gespräche waren gut, aber ich musste Gails Eltern die Wahrheit sagen, so wie ich es sah, und das war nicht leicht.

«Gail ist nicht bereit, sich helfen zu lassen. Sie erwartet von anderen Hilfe, als ob sie zaubern könnten. Sie hat so viel Ärger und Selbstmitleid heruntergeschluckt, dass sie gar nicht mehr weiss, wer sie eigentlich ist. Wir können ihr nicht helfen, wenn sie nicht eine ehrliche Person wird. Sie muss sich wirklich in allem öffnen.»

Jack hörte mir zu und schüttelte seinen Kopf, als ob er nicht glauben könnte, was er gerade hörte. «Exzellente Einsicht», sagte er später mit einem Lächeln auf seinem Gesicht. Jahre später erzählte er mir mit einem Kichern: «Deine Beschreibung von Gail war beinahe eine perfekte Selbstbeschreibung.» Zu dieser Zeit konnte ich dies sicherlich nicht sehen. Schliesslich hätte der Unterschied zwischen mir und Gail nicht grösser sein können! Sie brachte es kaum fertig, das Badezimmer zu putzen. Ich war diejenige, die sie und alle im Haus unterstützte.

Nachdem Gail mit ihren Eltern nach Hause gefahren war, kamen all die verdrängten Schmerzen der letzten zwei Jahre zum Vorschein. Als Jack und ich eines Abend um den See herumschlenderten, platzte ich heraus: «Gott scheint wie eine dunkle Wolke für mich zu sein. Ich weiss noch nicht einmal, ob er existiert!»

Meine Worte kamen aus der Tiefe meines Inneren heraus. Dieses Mal erwartete ich von Jack nicht, dass er etwas tat. Zum ersten Mal nach einer sehr langen Zeit stand die wahre Rose Marie auf, und es machte mir nichts aus, ob Jack nun mit Ablehnung oder Zorn reagieren würde. Ich war einfach nur total ehrlich.

Ich sprach nicht über dieses oder jenes Versagen, über unerledigte Aufgaben oder Leute, die ihren Beitrag nicht leisteten. Ich sprach über intensive, grausige, dunkle Einsamkeiten und unkontrollierte Wogen von Schuld und Scham, die über mich hereinbrachen wie endlose Wellen an einem verlassenen Strand.

Jack sagte nichts. Er akzeptierte mich einfach in meinem Kampf. Er nahm mich an der Hand und wir gingen nach Hause, vorbei an Fichten, an der dreckigen Strasse, die zu unserem Hause führte. Er war erschüttert, doch er legte mir keine Forderung auf und bot mir auch keine Korrektur an. Die Ehrlichkeit war sehr tiefgreifend. Die Lichter gingen langsam für mich an.

Die Verwirrung und die Zweifel, die ich an jenem Abend ausgedrückt hatte, waren hinter einem Leben der äusseren Erfüllung verborgen gewesen. So viele Verletzungen, Enttäuschungen und Versagen waren von mir hinuntergeschluckt worden! Es war, als hätte ich eine starke Stahlfeder in mir, die für Jahre nach unten gedrückt worden war durch die Gewohnheit von schlechter Kommunikation, durch Verletzungen in unserer Ehe, durch meine äussere Anpassung an die Meinung anderer Menschen und durch die Hingabe an die Pflicht. Aber nun entspannte sich die Stahlfeder und drang nach oben in mein bewusstes Denken vor – Dinge, die lange unterdrückt waren.

Das war das erste Leuchten der Gnade – das starke Verlangen, mir gegenüber ehrlich zu sein, koste es, was es wolle. Einfach aufhören, Entschuldigungen zu haben und anderen die Schuld zuzuweisen. Sich Gott und Freunden zu öffnen.

Als wir vom Urlaub nach Hause kamen, nahm Jack einen Kommentar von Martin Luther über den Galaterbrief aus dem Regal und kopierte die Einleitung für mich zum Lesen. «Dies», so sagte er mit einem kleinen Lächeln, «wird dir helfen.»

Ich war verwirrt. Ich wusste, dass er enorme Veränderungen an Menschen gesehen hatte, die sein Material studiert hatten. Aber diese Menschen waren alle höchst perfektionistische oder unvernünftige Typen oder Menschen, die von zwanghaften Sünden beherrscht wurden. Ich konnte nicht erkennen, was ihre Erfahrung mit mir zu tun hatte! Sie alle schienen sehr harte Rebellen zu sein, die es mit Dämonen zu tun hatten. Aber mein Bekenntnis des Zweifels und der Hoffnungslosigkeit hatte Jack eine neue Sicht meiner selbst gegeben. Er gab schliesslich zu, dass *eine äusserlich gerechte Person wie ich tief im Innern auch eine harte, rebellische Person sein konnte.*

Das Lesen von Luthers Kommentar führte nur zu noch mehr Fragen. Irgendwie wusste ich, dass das, was Martin Luther über aktive und passive Gerechtigkeit schrieb, mir helfen sollte, aber ich war noch immer so mit Pflichten und Taten erfüllt, dass ich seine Botschaft nicht verstehen konnte. Das Verständnis kam später, und mit ihm eine neu gefundene Freiheit.

Gnadenschimmer

In unserem Selbstvertrauen unterdrücken wir einen grossen Teil der schmerzhaften Wahrheit über uns selbst. Wir können Sünden in anderen sehen, haben aber die gleichen Sünden in uns, ohne das zu erkennen.

- Das Unterdrücken von Schmerz und Zweifel dient nur dazu, dich in einem Teufelskreis geistlicher Blindheit zu fangen. Du kannst anfangen, diesen Kreis zu durchbrechen, indem du dich Gott öffnest und ihm deine tiefsten Zweifel mitteilst – oft auch in Gegenwart einer Person, der du vertraust, und die gewillt ist, dich zu verstehen und anzunehmen wenn du am Kämpfen bist.

Gebet: Herr, führe mich von meiner Neigung, anderen die Schuld für meine Probleme zu geben, weg. Gib mir einen Freund, der mehr über Gnade versteht als ich. Gewähre mir die Demut, mich dir und einer anderen Person gegenüber ehrlich zu öffnen und über die verborgenen Kämpfe meines Herzens zu reden. Amen.

Kapitel 3

Das Aufdecken tödlicher Muster: Die Sünden der Generationen

Wir sind so wie ein altes Bild, das ein Künstler übermalt hat. Wenn das Gemälde mit Röntgenstrahlen photographiert wird, werden unter der obersten Farbschicht verborgene Gesichter sichtbar. Das ist der Grund, warum wir, wenn wir jemanden gut kennen lernen wollen, auch seine Familie kennen lernen möchten. Erst dann kommen die verborgenen Gesichter an das volle Tageslicht. Die Familie einer Person ist nicht nur der Hintergrund, der Zusammenhang, sondern ein wesentlicher Teil dessen, was er selbst ist.

– Tim Stafford, Knowing the Face of God

Warum nur war ich so gut darin, meine Verletzungen und Enttäuschungen zu unterdrücken? Ein einfacher Grund ist, dass ich darin gut trainiert war. Ich hatte viel Wertvolles von meinen Eltern empfangen: Respekt vor Autoritäten, Mitleid mit den Schwachen, gutes Benehmen, Freundlichkeit und Disziplin.

Aber nicht alles in meinem Erbe war gesund. Meine vererbte Ordnungsliebe war zum Beispiel beides: Schwachheit und Stärke. Ordnung war buchstäblich die Religion für meine Eltern. In ihrer Sicht war Gott wichtig, aber Ordnung im Leben stand über allem. Und ich wurde ihren Ansichten gemäss erzogen.

Vollkommene Ordnung

Ich wuchs in einem gemütlichen, sorgfältig organisierten Haus in Daly City, einem Stadtteil von San Francisco, auf. Unser einstöckiges Haus lag dicht am Fusse des langen, hohen Gebirgsrückens, der zum nebeligen Pazifischen Ozean führte. Unser Haus war ein Bild von Sauberkeit. Von aussen leuchtete es weiss mit braunen Zierleisten. Es sah immer frisch gestrichen aus, denn mein fleissiger Vater erhielt es so. Im Inneren hatte meine Mutter die Wände und Fussböden fleckenlos rein geschrubbt.

Meine Eltern sprachen mit meiner jüngeren Schwester Barbara und mir immer Deutsch. So lernte ich Deutsch noch vor Englisch sprechen. Es war eine Welt, die nur wenige Überraschungen enthielt, wahrscheinlich weil die meisten unserer Freunde Deutsche waren, die genauso ordentlich waren wie wir. Als Teenager fuhr ich mit der Strassenbahn nach San Francisco zur deutschen Schule, wo ich deutsche Grammatik und Kultur lernte. Hier entwickelten sich meine meisten Kindheits-Freundschaften, Freundschaften, die stabil und dauerhaft waren.

Zu Hause war meine Mutter das vollkommene Bild für geschäftige, pflichtbewusste Hingabe an die Haushaltsroutine. Am Sonntag ging sie zur Kirche, am Montag machte sie die Wäsche, bügelte am Dienstag, stopfte und flickte am Mittwoch, nähte am Donnerstag, putzte am Freitag und ging am Samstag das Essen einkaufen. Wenn ich vergass, was für ein Tag es war, musste ich nur auf das Tun meiner Mutter achten, und ich wusste die Antwort.

Wir hatten auch auf anderen Gebieten einen höchst disziplinierten Lebensstil. Wir machten keine Schulden, auch dann nicht, als die dunklen Tage der grossen Weltwirtschaftskrise kamen. Mutter kaufte selten einmal etwas für sich selbst und nähte unsere Kleider immer selbst. Wir waren sogar in der Lage, unseren bedürftigen Nachbarn etwas zu essen zu geben, weil sie unseren Haushalt so sorgfältig überwachte und plante. Selbstdisziplin war nicht nur ein Wert unter vielen für uns, sie war unsere Methode, das Leben unter Kontrolle zu halten.

Als Familie besuchten wir die nahegelegene Presbyterianische Kirche, wo ich eine Vorzeigeschülerin in der Sonntagsschule war. Ich lernte die Zehn Gebote zu respektieren. Diese Gebote waren nicht so sehr das Gesetz Gottes, sondern vielmehr ein Teil der familiären religiösen Moral. Gott nahm die Rolle der autoritären Person ein, deren Aufgabe darin bestand, das Leben davor zu bewahren, ins Chaos abzurutschen.

Hinter der Hingabe an ein systematisches Leben lag eine moralische und religiöse Anschauung, in der das bestimmende Wort *Verantwortung* war. Du bezahltest *alle* Rechnungen pünktlich, gerietest *niemals* in Schulden, warst fair im Geschäft und bewahrtest den Glauben mit deiner Familie und deinen Freunden. Das war das Kernstück der moralischen Ordnung meiner Eltern. Da unsere Familie keine Probleme hatte, sich an die Verhaltensregeln zu halten, fühlten wir uns selbst gut und dachten, dass auch Gott mit uns zufrieden sein würde.

Moral gegen Gnade

Es ist jetzt nicht schwer zu verstehen, dass die unbedingte Arbeits-Theologie hinter unserem «gerechten Leben» kein wirkliches Christentum war, das der Botschaft der Gnade entsprach, sondern religiöser Moralismus. Solch eine Anschauung «beschwört eine Kraft der Freiheit, die der gefallene Mensch nicht besitzt; es ist eine Religion der Kontrolle und Beherrschung (so genannte ‹Selbstbeherrschung›), und nicht der Erlösung, und es endet unweigerlich in Verzweiflung anstatt in Hoffnung. Die moralischen Imperative, die dem Menschen auferlegt werden, setzen eine Definition der Sünde voraus, die davon ausgeht, dass sie vorsätzlich und bedacht geschieht. Folglich wäre das Problem der Sünde im Wesentlichen ein oberflächliches – eine totale Missdeutung, die in einer falschen Hoffnung der Selbstrechtfertigung und Selbstgerechtigkeit gipfelt.»[1]

Indem wir versuchen, unser Leben durch eigene Anstrengungen in gerade Bahnen zu bringen, übersieht diese Anschauung die Notwendigkeit der Gnade Gottes. Es wird vermutet, dass hart arbeitende, religiöse Menschen – wie meine Familie – die moralische Fähigkeit haben, Richtiges zu tun. Dabei wird gehofft, dass eines Tages vor Gottes Richterstuhl unsere guten Werke unsere Defizite überwiegen. In der Zwischenzeit bringen unsere Werke auf heimtückische Weise Gott in die Rolle des Schuldners: Wir halten seine Gebote und es ist seine Verantwortung, diese Welt zu unseren Gunsten zu neigen.

Doch was all die Stärken meiner Eltern betrifft, sie waren nicht in der Lage, ihre moralische Ordnung und Redlichkeit auf lange Sicht aufrechtzuerhalten. Schliesslich führten ihre eigenen Standards der Richtigkeit und Gerechtigkeit zum Sturz unserer Familie. Als diese Standards zerstört wurden, waren meine Eltern nicht in der Lage, zu Fehlern zu stehen oder Vergebung anzubieten – zwei Dinge, die gefallene Menschen unbedingt benötigen, und zwei Dinge, zu denen selbstgerechte Menschen sich selbst nicht bringen können, sie zu tun.

Bittere Samen gesät

Im ersten Ehejahr meiner Eltern nahm meine Mutter einen Job als Putzfrau an. Da sie aus einem wohlhabenden Elternhaus in Deutschland stammte, war es für sie ein grosses Opfer, in einem fremden Haus zu putzen. Sie sparte treu und eisern die 2000 US-Dollar, die sie verdiente. Mein Vater investierte ihr Geld und auch einen Teil seines Geldes am Aktienmarkt, ohne ihr davon zu erzählen.

1 C. F. Allison: The Rise of Moralism (London: SPCK, 1966), S. 207–208

Als es 1929 zum Börsenkrach kam, verlor er alle seine Einlagen und auch ihr Geld. Sie fühlte sich durch sein Versagen, ihr nicht zu erzählen, dass er ihre Ersparnisse am Aktienmarkt investiert hatte, betrogen. Als ihr Geld verloren war, fühlte sie sich zutiefst hintergangen.

Da wir alle moralistische Leute waren und «Nicht-Sünder» in unseren Augen, denke ich, dass es meinem Vater nie in den Sinn kam, meiner Mutter zu sagen: «Ich habe mich gegen dich versündigt. Bitte vergib mir.» Vater vermied diese Art von Bekenntnis und Mutter konfrontierte ihn damit auch nicht. Stattdessen hielt sie ihren bitteren Ärger ihm gegenüber zurück. Keiner von meinen Eltern war darauf vorbereitet, zuzugeben, dass es einen tiefen Riss zwischen ihnen gab. Ihr Spiel hiess: Schluck es runter, rede nicht darüber, damit es vergehen wird.

Aber die Kosten dieser Art von Selbstverführung sind sehr hoch. Als ich acht oder neun Jahre alt war, fühlte ich etwas Trauriges und Sonderbares in meiner Mutter. Sie versuchte, mich dazu zu bringen, mehr zu essen, aber sie drängte mich auch ständig ohne Grund, Abführmittel einzunehmen. Zuerst diskutierte ich mit ihr, aber sie bestand darauf, mit einem beängstigenden Ton in ihrer Stimme. Ich nahm dann die Schokoladen-Abführmittel aus ihrer Hand. Ich gab vor, die Abführmittel zu nehmen, aber in Wirklichkeit versteckte ich sie hinter meinem Bett und spülte sie später die Toilette hinunter.

Als ich älter wurde, widerstand ich meiner Mutter und lehnte die zu starke Fürsorge ab. Sie wollte z. B., dass ich wie ein kleines deutsches Mädchen aussehen sollte, mit blonden Zöpfen auf meinem Kopf oder um die Ohren. Ich hasste es, wie eine deutsche Puppe angezogen zu sein. Bald überzeugte ich meinen verständnisvollen Vater, mir einen kurzen Haarschnitt und eine Dauerwelle zu erlauben. Als ich vom Friseursalon nach Hause kam und meiner Mutter die kurzen Locken zeigte, fing sie an zu weinen.

Mein Wunsch, praktische Dinge im und um das Haus herum zu lernen, wurde durch meine Mutter zum Frust. In ihrem Denken war das Ordnunghalten im Haus so wichtig, und die Arbeit musste so perfekt getan werden, dass sie mich nie ermutigte, Haushaltsaufgaben zu lernen – zu kochen, zu nähen oder auch abzuspülen, wenn einem nicht danach ist. Ich denke, dass sie mich einfach in Abhängigkeit von ihr halten wollte.

Als ich elf Jahre alt war, störte mich die Art und Weise mehr und mehr, wie meine Mutter meine Schwester Barbara behandelte. Barbara hatte eine Form von Epilepsie bekommen. Von dem Tag an behandelte Mutter Barbara wie eine Invalide, die nichts anderes tat, als den ganzen Tag mit Puppen zu spielen. Ich mochte es überhaupt nicht sehen, dass Barbara zu einer unmündigen Person wurde. Die Theorie der Co-Abhängigkeit gab es damals noch nicht, aber ich wusste, dass etwas verkehrt lief, so wie meine Mutter Barbara ermutigte, von ihr abhängig zu sein. Es machte mich so zornig, dass ich denke, ich hasste meine Mutter für ihr Benehmen. Sie zerstörte etwas Grundlegendes in Barbara und mir, so dass ich mit zwölf Vater inbrünstig bat, doch etwas dagegen zu unternehmen.

Manchmal versuchte er Veränderungen herbeizuführen, wenn es selbst ihm offensichtlich war, dass Barbara sich in einen nassen Waschlappen verwandelte. Folgendes Muster entwickelte sich: Vater besprach sich mit Mutter, aber sie bestand darauf, dass sie im Recht war. Er explodierte dann und zog sich widerwillig zurück, indem er die Situation ignorierte. Es war Passivität, Kampf und Flucht, gefolgt von «Frieden», der dadurch erreicht wurde, dass fremde Gefühle unterdrückt wurden. Nach all dem taten wir so, als wäre nichts passiert.

Auch ich unterdrückte meine Gefühle – und die Wahrheit – zu Zeiten, wenn eine offene Diskussion am meisten nötig war.

Auch ich unterdrückte meine Gefühle – und die Wahrheit – zu Zeiten, wenn eine offene Diskussion am meisten nötig war. Mutter benötigte wirklich Hilfe, und Barbara und ich brauchten Bewahrung vor ihrem merkwürdigen Verhalten. Vaters Versagen, Fragen zu stellen – oder mir zuzuhören, wenn das Zuhören uns allen Schmerzen bereitete –, lehrte mich unglücklicherweise, meine inneren Gefühle verschlossen zu halten. Ich hatte gelernt, dass es in engen Beziehungen nicht akzeptabel ist, der Wahrheit ins Angesicht zu sehen, denn das würde bedeuten, dass das Leben nicht unter unserer menschlichen Kontrolle stünde.

Das Wasser steigt

Die inneren Fluten stiegen immer weiter, obwohl unsere Familie dieses «Spiel» spielte. An einem Samstagnachmittag, als ich vierzehn Jahre alt war, war all unsere schwere sandsackbeschwerte Voraussagbarkeit vernichtet, und eine steigende Flut verschmutzten Wassers lief in unser Leben.

Mein Schlafzimmer war gleichzeitig ein grosses Spielzimmer, das zum Garten führte. Ich sass oft mit ausgestreckten Füssen vor dem Fernster und las meine Lieblingsbücher von Tarzan. An diesem faulen, sonnigen Nachmittag kam ein sehr ungutes Gefühl über mich. Ich sprang auf, liess mein Buch fallen, rannte in die Küche und sah meine Mutter. Sie hatte ihren Kopf in den Ofen gesteckt und das Gas war aufgedreht.

Entsetzt lief ich durch die Küche und drehte das Gas ab. Ich zog meine halb bewusstlose Mutter vom Ofen weg, öffnete alle Fenster und schleifte sie ins Wohnzimmer, wo ich sie aufs Sofa legte. Am ganzen Körper zitternd rief ich meinen Vater an seinem Arbeitsort an und schluchzte: «Papa, komm nach Hause! Mama hat gerade versucht, sich das Leben zu nehmen, indem sie das Gas in der Küche aufdrehte.»

Es waren lange, sehr lange fünfundvierzig Minuten, die Papa durch die vollen Strassen von San Francisco nach Hause brauchte. Als er ankam, sass Mutter aufrecht, aber immer noch sehr schwach. Bald fuhr sie wieder mit ihrer Arbeit fort, als wäre nichts passiert. Ich war durch diesen tragischen Vorfall erschüttert, aber vom heutigen Standpunkt aus gesehen, waren es eher die Nachwirkungen, die am meisten erstaunten. Papa und ich sassen niemals zusammen, um darüber zu sprechen, warum meine Mutter das getan hatte. Ich stellte keine Fragen und man gab mir auch keine Erklärungen.

Ein Jahr später, an einem Sonntagnachmittag, sass unsere Familie in einem Restaurant und genoss das Essen, eine Mahlzeit mit frischem Seeohr aus der San Francisco Bay. Während wir auf den Nachtisch warteten, stand Mutter vom Tisch auf, ging zu einem anderen Tisch und sprach mit leiser Stimme zu den Tischgästen. Diese schauten dann verwirrt und beunruhigt zu unserem Tisch. Mein Vater ging zu ihrem Tisch, um herauszufinden, was passiert wäre. Sie sagten: «Ihre Frau meinte, dass wir über sie geredet hätten und doch aufhören sollten.»

Nachdem das mehrere Male passiert war, gingen wir nicht mehr auswärts essen. Das war der Anfang der Isolation unserer Familie. Die Kartenspiel-Freunde meines Vaters kamen nicht mehr zu uns nach Hause. Einladungen zum Essen wurden weniger und weniger, und schliesslich hörten sie ganz auf. Papa gab auch seine Dienste in der Deutschen Gesellschaft auf.

Mutters Benehmen wurde immer unberechenbarer. Manchmal fiel sie wie bewusstlos zu Boden, andere Male schloss sie sich für Stunden im Badezimmer ein. Sie fing an, Stimmen zu hören und ihnen zu antworten. Sie musste rund um die Uhr betreut werden. Wir brachten sie dazu, Schockbehandlungen am Universitätskrankenhaus in Anspruch zu nehmen, aber als Mutter viele gute Dinge zusammen mit den schlechten einfach vergass, bekam sie Angst und wollte nicht weitermachen.

Was war mit meiner Mutter passiert? Wann begann das alles? In Deutschland wuchs sie in einem wohlhabenden Haus auf, wo man Oper, Ballett und klassische Musik liebte. Als ihre Mutter verstarb und ihr Vater wieder heiratete, wurden sie und ihr Bruder in verschiedenen Familien untergebracht. Der Verlust einer Mutter, der Zerbruch ihres Zuhauses und das Hungern in den Kriegszeiten waren traumatische Ereignisse, die sich tief in sie eingegraben hatten. Mit Anfang dreissig warb mein Vater, Tausende von Meilen entfernt in San Francisco, Kalifornien, um sie. In ein so fernes, fremdes Land zu kommen, die Sprache nicht zu kennen, dazu noch das Heimatland zu verlassen, trug, wie ich glaube, mit dazu bei, dass ihre Bitterkeit so gross wurde, als ihr schwer verdientes Geld verloren ging.

Obwohl ich nicht alle Gründe für ihren geistigen Abbau kenne, waren es wahrscheinlich doch diese verwirrenden Ereignisse, die dazu führten. Wenn jemand so grosse Umwälzungen erlebt, wie sie es tat, und es nur ein strenges moralisches Fundament gibt, auf das man sich stützt, dann kann die Wirkung katastrophal sein.

Sie sah Gottes Liebe und Annahme als bedingt an, abhängig von einem tadellosen Verhalten.

Ich darf den destruktiven Einfluss dieser einengenden religiösen Anschauung nicht unterschätzen. Sie sah Gottes Liebe und Annahme als bedingt an, abhängig von einem tadellosen Verhalten. Instinktiv wusste sie, dass sie ihre Unschuld um jeden Preis verteidigen musste. Da sie keine Vergebung von Gott kannte, musste sie an ihrer Selbstverteidigung und Selbstrechtfertigung hart arbeiten. Sie bestand darauf, keine Vergebung zu brauchen, und sah auch keinen Anlass, sie anderen zu gewähren.

Sie baute ihre eigene private Gedankenwelt auf und schloss dabei meinen Vater aus ihrem Leben aus. Sie wiederholte das Problem immer und immer wieder. «Kannst du dir vorstellen, was Vater getan hat?» Dann, nachdem ihre Geschichte über Vaters Schuld fertig war, griff sie sich irrationalerweise selbst an, indem sie herausplatzte: «Du beschuldigst dich selbst, du beschuldigst dich selbst.» Sie konnte auch sich selbst nicht von ihrer eigenen Unschuld überzeugen.

Das war die Verzweiflung eines religiösen Moralisten, der nicht länger auf die rettende Kraft der eigenen Gerechtigkeit vertrauen konnte. Aber da wir alle so glaubten, wie sie es tat, konnte ihr niemand in unserer Familie helfen, die Wurzeln ihrer Leiden zu erkennen. Wir waren alle zusammen «Nicht-Sünder», obwohl das natürlich von der Wahrheit weit entfernt war. Wir lebten eine Lüge. Vater hatte Mutter betrogen, Mutter hasste Vater, und ich hasste manchmal meine Mutter für das, was sie Vater und Barbara antat. Keiner von uns sagte ein Wort, und das Leiden ging weiter. Inmitten von all dem Chaos kämpften mein Vater und ich hart darum, den Familienzusammenhalt wieder herzustellen. Ich war in die Rolle gezwungen, die Mutter meiner Mutter zu sein, und zusammen kontrollierten Vater und ich Mutters Leben. Indem wir diese Rollen einnahmen, vermieden wir Konflikte. Aber keiner von uns sah den emotionalen Preis, den wir zahlen mussten, um die Ordnung aufrechtzuhalten.

Vater hatte eine Frau verloren und ich eine Mutter. Es wäre nötig gewesen, dieser schmerzhaften, unerbittlichen Wahrheit ins Angesicht zu sehen und darüber betrübt zu sein. Doch stattdessen handelten wir so, als wäre meine Mutter irgendwie normal. Wir liessen sie entscheiden, welche Behandlung sie wollte, liessen sie Vaters Freunde von unserem Zuhause ausschliessen und liessen sie das emotionale Leben meiner Schwester ruinieren. Wir sonderten uns einfach von ihr ab, drehten ihre psychotischen «Stimmen» ab und bauten beschützende Barrieren auf. Auf diese Art und Weise hielten wir das Leben unter Kontrolle.

Ein neuer Start

1949 erschien Jack Miller in dieser unordentlichen ordentlichen Welt mit einem Heiratsantrag. Wir trafen uns in einer konservativen Presbyterianischen Gemeinde in San Francisco. Ich hatte noch ein Jahr und Jack zwei Jahre zu studieren. Bevor ich ihm das Jawort gab, erzählte ich ihm von meiner Mutter und meiner Schwester. Ein junger Mann, mit dem ich zuvor verlobt war, hatte die Verlobung aufgelöst, weil er dachte, dass unsere Kinder wie meine behinderte Schwester und ich wie meine Mutter sein würden.

Doch Jack grinste nur und sagte: «Ich liebe dich, ich möchte dich heiraten und nicht deine Familie. Ich vertraue Gottes Plan für unser Leben, und ich sehe keine Probleme.»

Mein Einverständnis kam, nachdem ich eine Woche lang alle Dinge vor Gott ausgebreitet hatte. Überall, wo ich in der Bibel suchte, und alle Gespräche und Predigten, die ich in dieser Woche hörte, führten mein Herz dazu, auf Gott zu hören. Er legte es mir aufs Herz: «Rose Marie, dies ist eine Glaubensreise.» Was einmalig anders war an meiner Beziehung mit Jack, war unsere Fähigkeit, entscheidende Angelegenheiten durchzusprechen und darüber vor der Heirat einig zu werden. Er war der Meinung, dass wir keine Geburtenkontrolle machen sollten, dass er sein Studium beenden würde und ich nicht arbeiten sollte, um ihn zu unterstützen. Auf mein Drängen hin einigten wir uns auch, keine Schulden machen zu wollen. Stattdessen wollten wir glauben, dass Gott für uns sorgen würde.

In den ersten zehn Jahren ging es unserer Ehe sehr gut. Es gab mehrere Gründe für unser Glücklichsein. Zum einen waren wir sehr gute Freunde. Dann öffnete Jack mir auch das Verständnis für die Bibel, für Literatur, Logik und Geschichte in einer Art und Weise, wie es vier Jahre Universität nicht besser gekonnt hätten. Er nahm mich auch in seine Liebe für die Natur mit hinein. Wir liebten es, in der freien Natur zu campen und über drei Sommer arbeiteten und lebten Jack und ich in kleinen Feuerwarten in der Nähe der Küste von Oregon. Wir waren zuversichtliche Leute. Wir fühlten beide sehr stark, dass Gott für und mit uns war.

Durch die geistliche Einheit, die wir hatten, fühlten wir uns in der Lage, nahezu alle unmöglichen Dinge zu erreichen. In den ersten fünf Jahren unserer Ehe bekamen wir vier Kinder, und solange Jack zur Universität ging, lebten wir mit bescheidenem Einkommen. Es war eine starke Herausforderung, aber eine, die mir Freude machte, denn ich sah, wie Gott immer wieder für Essen und Kleidung für die schnell wachsende Familie sorgte. Während dieser Zeit beendete Jack das Studium und zwei Jahre an einem theologischen Seminar und begann, seine Doktorarbeit über englische Literatur zu schreiben.

Mit grosser Hingabe widmeten wir uns unseren Kindern. Wir zogen sie mit der Bibel und dem kleinen Katechismus auf. Wir brachten ihnen gute Manieren bei und ermutigten sie mit Liebe zum Lernen und Lesen. Campingurlaube in den Wäldern am Eel River waren der Höhepunkt eines jeden Sommers.

Das Leben war vorhersagbar. Entscheidungen trafen wir gemeinsam. Wir machten keine Schulden, hatten beide die gleichen Werte für unsere Kinder und wir waren zusammen Partner in unseren Zielen für Jacks Zukunft, entweder an der Universität oder am Theologischen Seminar eine Professur zu erhalten.

Unerwünschte Veränderungen

Dann passierte das Unvorhergesehene. Nach zehn Ehejahren begann Jack seinen Pastorendienst. Er sprach diese Entscheidung nicht mit mir ab – nicht in gründlicher Form. Bald schon war ich ärgerlich auf die unerwartete Richtung, die unser Leben nahm. Ich trug den Mantel der Pastorenfrau wie *Macbeths* «Riesenumhang über einem winzigen Dieb». Auf gar keinen Fall wollte ich die leidende Heilige werden, indem ich der Gemeinde Perfektion vorführte! Aber meine Vorstellung von Unterordnung war die, dass wenn ich dieser Entscheidung widerstand, ich gegen Gott kämpfen würde. Ich fühlte mich durch Jacks Entscheidung in die Falle gelockt und auch als Opfer seiner Berufung durch Gott.

Jack hatte eine schwierige Pastorenstelle, und seine Freude wurde durch Gemeindeprobleme aufgezehrt. Meine Freude wurde durch das unangemessene Gehalt, das wir empfingen, und den Verlust meines Mannes an die Gemeinde aufgezehrt. Bald schon türmten sich die Rechnungen. Nach zwei Jahren fing die Gemeinde an, sich zu stabilisieren und zu wachsen, aber der Frieden, den wir zusammen hatten, schien zu verschwinden.

Nachdem unser fünftes Kind geboren wurde, schlich sich eine Zeit ernster Versuchung wie ein unbeobachteter Schatten in meinem Kopf ein. Sechs Wochen nach Kerens Geburt besuchte mich Susan, eine wohlhabende Freundin. Es war Mai, und die Temperaturen waren bereits um die 30°C. Wir versuchten die Abendkühle dadurch zu erhalten, dass wir alle Türen und Fenster während der Nacht offen hielten und dann am Morgen schlossen und die Vorhänge zuzogen, um Schutz vor der Hitze zu haben. Nachdem Susan zwei Tage bei uns im Haus war, sagte sie mit bester Absicht: «Rose Marie, das ist unerträglich. Du solltest nicht so leben. Dein Haus ist so heiss, dass ich letzte Nacht nicht schlafen konnte. Ich kann noch nicht einmal ein schönes Glas Eiswasser aus deinem Kühlschrank bekommen. Du solltest einen grösseren Kühlschrank haben und irgendeine Art Kühlsystem.» Susans Bemerkungen bedrückten meinen Geist.

Eine starke Wolke fällt

Ich konnte die Nacht nicht schlafen, mir war heiss und ich war ärgerlich. Ich war sauer auf die Gemeinde, weil sie uns nur so ein kleines Gehalt zahlte. Ich war aufgebracht, weil wir nicht alle Rechnungen begleichen konnten. Ich war ärgerlich über Jack, weil er seine Zeit, Energie und Aufmerksamkeit der Gemeinde gab. Als der Ärger nachliess, war ich mit dem Gefühl allein gelassen, dass Gott, mein Versorger, verschwunden war. Mein Geist wurde mit einer grossen Wolke der Bitterkeit erfüllt, und ich frass alles in mich hinein. Ich dachte: *Susan hat Recht. Ich sollte wirklich nicht so leben. Das ist nur Jacks Schuld.* Dadurch, dass ich mich dem nie offen gestellt hatte, ging diese aufgestaute Wut tief und verwandelte sich über die Jahre in Bitterkeit, die an meiner Beziehung zu Gott und Jack nagte.

Instinktiv baute ich die Mauern auf. Ich distanzierte mich selbst von den Problemen und lebte ein Scheinleben. Meine

Strategie, um damit fertig zu werden, waren Erschöpfung, Allergien, Passivität und äusserliche Pflichterfüllung. Die Passivität manifestierte sich in meinem Denken, dass ich niemandem etwas zu geben hätte. Daher bemühte ich mich, meinen Mann und meine Kinder erfolgreich zu machen. Was ich nicht merkte, war, dass ich begonnen hatte, die bewahrenden Strategien nachzuahmen, die bei meiner Mutter zu funktionieren schienen.

Zehn Jahre erfolgreicher Partnerschaft wandten sich nun in eine «Unterordnung» ohne Freude. Ich wusste nicht, wie ich meinen Ärger, meine Sorgen und die tiefen Ängste zugeben konnte. Äusserlich funktionierte ich jedoch weiterhin.

Dies scheint wie ein Widerspruch auszusehen, war es aber nicht wirklich. Ich habe nur die gewohnten Strategien ausgelebt, die ich von meinen Eltern gelernt hatte. Man tat seine Pflicht, auch wenn die innere Welt im Chaos war. Innerlich die Gesinnung einer Waisen; äusserlich das Übernehmen von Verantwortung.

Die Frucht der Bitterkeit

Menschen und ihre Beziehungen können seltsam sein. Ich sah zu der Zeit noch keine Parallele zwischen dem Bitterwerden meiner Mutter gegenüber meinem Vater und meinem Bitterwerden Jack gegenüber. Aber es sollte klar sein, dass elterliche Vorbilder gewaltig sind. Die Sünden der Generationen werden an die Kinder weitergegeben und oft empfangen die Kinder sie, ohne zu verstehen, was sie an falschen Vorbildern mitbekommen haben.

Aber solche Bitterkeit in menschlichen Beziehungen steht nicht für sich alleine. Als rebellisches Opfer war ich blind für die Tatsache, dass Bitterkeit in menschlichen Beziehungen auch Bitterkeit gegenüber Gott ist. Du kannst nicht dem Geschöpf gegenüber bitter sein, ohne auch dem Schöpfer gegenüber bitter zu werden! Es sollten Jahre vergehen, bis ich diese Tatsache sah und vor Gott bereute, mit einer göttlichen Betrübnis, die kein Bedauern übrig lässt.

Aber das führt zu einer offensichtlichen Frage: Warum war ich nicht zuerst über meine Mutter und später über meine gestörte Beziehung zu meinem Mann betrübt? Die Antwort liegt in meiner selbstschützenden religiösen Anschauung. Als religiöser Moralist verstand ich Gnade als etwas, was meiner Kraft hinzugetan wird. Ich konnte nicht zugeben, dass ich in meinen engen, persönlichen Beziehungen fehlerhaft war und kraftvolle Intervention von «oben» benötigte. Ich war der von mir selbst abhängige Pharisäer. Meine hauptsächlichen Unterstützungen waren Familientradition, ein äusseres gehorsames, religiöses Leben und mein bewährter moralischer Charakter.

Ich hatte in der Tat die Realität meiner eigenen Menschlichkeit übersehen und die fehlerhafte Natur der gefallenen menschlichen Beziehungen. Ich hätte es nötig gehabt, den Verlust meiner Mutter zu betrauern, und zwar zutiefst. Ich hätte es nötig gehabt, zuzugeben, dass die Flucht meiner Mutter in den Irrsinn mich stark verletzt hatte und ich ihr vergeben musste. Ich hatte jedoch eine Wurzel der Bitterkeit zugelassen, die mein ganzes Leben verfärbte, einschliesslich meiner Einstellung zu Gott. Ich wollte, dass Gott mich aus meiner misslichen Lage befreite, ohne dass er dabei meine selbstzentrierte Liebe zur Kontrolle behandelte.

War ich eine hilflose Kreatur, von eisernen Gesetzen der Generationen dazu vorherbestimmt, die Sünden meiner Eltern zu wiederholen?

Gnadenschimmer

M. Scott Peck hat beobachtet: «Sich mit dem Bösen der eigenen Herkunft abzufinden, ist vermutlich die schwierigste und schmerzhafteste psychologische Aufgabe, der sich ein Mensch stellen muss. Die meisten versagen und bleiben daher ihr Opfer.»[2]

- Wir werden Opfer von sündigen Familienmustern, wenn wir uns weigern zu sehen, dass sie in unserem Leben am Arbeiten sind. Es ist schmerzhaft, zu dieser Art der Selbsterkenntnis zu kommen. Es bedeutet zuzugeben, dass wir in einigen Gebieten gesündigt haben und/oder uns unser ganzes Leben über getäuscht haben.
- Das Vermeiden von schmerzhafter Wahrheit macht sich dadurch bemerkbar, dass wir immer Recht haben wollen und uns intensiv verteidigen, wenn wir kritisiert werden.

Gebet: Unser Vater im Himmel, schenke mir Weisheit, meine familiären Sündenmuster und die Strategien zu verstehen, die ich benutze, um diese zuzudecken und damit fertig zu werden. Lehre mich Selbstgerechtigkeit und andere schlechte Tendenzen in meinem Erbe zu identifizieren. Gib mir die Gnade, dem Bösen in ihnen abzusagen und mich von der Tendenz abzuwenden, meinen Eltern die Schuld für die Sünden in die Schuhe zu schieben, die ich akzeptiert habe. Amen.

2 M. Scott Peck: People of the Lie: The Hope for Healing Human Evil (New York, Simon & Shuster, Inc., 1983), S. 130

Teil II

DIE WAISE WIRD ZUR TOCHTER

«Getrennt von mir könnt ihr nichts tun.»
Jesus (Joh. 15,5 – Revidierte Elberfelder Übersetzung)

Kapitel 4

In der Verzweiflung: «Was ist mein wahres Problem?»

Und ihr Durst wurde so schlimm, dass es ihr fast schon egal war, ob der Löwe sie frass, wenn sie nur einen Schluck Wasser bekam. [...]
«Ich traue mich nicht», sagte Jill.
Dann wirst du verdursten, sagte der Löwe.
O je! Jill kam einen Schritt näher. Dann muss ich mich wohl auf den Weg machen und einen anderen Bach suchen.
Es gibt keinen anderen Bach, sagte der Löwe. [...]
Es war das Schlimmste, was sie jemals hatte tun müssen, aber sie trat vor zum Bach, kniete sich nieder und begann, mit der Hand Wasser zu schöpfen. Es war das kälteste und erfrischendste Wasser, das sie je gekostet hatte.

– C. S. Lewis – Der silberne Sessel

Die intensive Untersuchung meines Familienhintergrundes öffnete meine Augen für viele Dinge, aber nichts in dieser Selbsterkenntnis brachte mir Frieden. Da ich mit physischen und emotionalen Erschöpfungen zu kämpfen hatte, bestand ich weiter darauf, dass Jack sich alle meine Probleme anhören und sie schnell lösen sollte. Er war der dominante, rationale Ehemann, der für alles eine Antwort hatte. Ich war die emotionale Frau, die ihren Gefühlen freien Lauf liess, weil sie die Antworten nicht mochte. Es war ein heimtückisches Spiel, das wir spielten. Er war der «Meister», während ich die Rolle des «Opfers» einnahm.

Dann kam *die* Krise. Wir wurden gefragt, jemanden bei uns aufzunehmen, der in Not war und kein Zuhause hatte. Die Person war verzweifelt, aber ich war es ebenso. «Ich habe nicht die nötige Kraft in mir, um noch eine weitere Person bei uns aufzunehmen», gab ich von mir. Als Don einzog, war ich ärgerlich auf Jack, weil er nicht auf mich gehört hatte und eine Entscheidung traf, bei der ich dachte, sie emotional nicht zu verkraften. Jack dachte, dass dies nur eine vorübergehende Lösung wäre, aber sie währte mehrere Monate.

Wie ich befürchtet hatte, war Don unreif, unkooperativ und nicht gewillt, sich in die Ordnung des Hauses zu fügen. Da er aus der Stadt kam, war er nicht daran gewöhnt, den Rasen zu mähen, das Laub zu harken und das Unkraut zu jäten. Seine Arbeitsauffassung war, dass er Jack folgte und Stunden am Telefon verbrachte. Doch die Gartenarbeit war ihm zugewiesen. In der Vergangenheit hatten wir Menschen, die es ablehnten, sich anzupassen, und die keine Anstalten machten, sich zu verändern, gebeten, uns zu verlassen. Doch Don hatte wirklich keinen Ort, wo er hingehen konnte, und wir wollten ihn nicht einfach auf die Strasse setzen.

Wieder einmal war ich unter Druck und fiel in meine abgenutzten Muster, um Probleme zu lösen. Ich wurde angespannt und in mich gekehrt und unterdrückte meinen Zorn gegen Jack und Don. Schliesslich mündeten meine negativen Gefühle im Aufruhr. Ich war nun in hastiger Flucht, manchmal sogar buchstäblich. Oft floh ich in das mit Stroh gedeckte Gartenhäuschen im hintersten Teil unseres Gartens. Hier weinte ich manchmal für ein oder zwei Stunden: Tränen der Angst, des Selbstmitleids, des Selbst-Verurteilens und rasender Frustration. Ich verliess den Ort dann immer erschöpfter, als ich hereingekommen war. Aber trotz allem nahm ich nie mein Glaubensleben etwas genauer unter die Lupe oder tat Busse für Sünden, zumindest nicht für irgendetwas Entscheidendes.

Oft floh ich in das mit Stroh gedeckte Gartenhäuschen im hintersten Teil unseres Gartens. Hier weinte ich manchmal für ein oder zwei Stunden.

Als der Ärger verstrichen war, verblieb bei mir immer ein Schamgefühl. Recht lange hatte ich schon unter diffusen Schuldgefühlen gelitten, die bei der modernen Frau während ihrer Wechseljahre auftreten, wenn sie durch familiäre, körperliche und emotionale Veränderungen geht. Doch mit Dons Ankunft wurde mein Schuldgefühl noch stärker. Ich war ärgerlich über sein Eindringen in mein Leben und ich war ärgerlich auf Jack, der die Ursache für dieses Eindringen war.

Da Jack meinen Ärger spürte, versuchte er, mich und Don zu versöhnen. Wir drei sassen am Gartentisch bei unserem grossen Teich. Der lila Glyzinienstrauch bildete eine Art Schirm für unser persönliches Gespräch.

«Ich denke, wir müssen über ein Problem sprechen», sagte Jack. Aber weder Don noch ich hatten etwas zu sagen. Ein Konflikt? Keiner von uns gab ein einziges Problem zu. Wir waren zu beschämt, um unsere wahren Gefühle zuzugeben. Bald gab Jack frustriert auf.

Entlarvt durchs Gesetz

Zu dieser Zeit geschah es, dass das Gesetz Gottes – das Gesetz, welches der Massstab für Moral und Ordnung war – mir auf ganz neue Art und Weise begegnete. Während mein Vertrauen in Jack und mich selbst sich auflöste, erlebte ich das, was ich heute als die «Kraft des Gesetzes» bezeichnen würde. Das Gesetz sagt: «Liebe deinen Nächsten wie dich selbst» (Mark. 12,31), und ich war dabei zu entdecken, dass es absolut unmöglich ist, dieses Gesetz zu halten. Ich fühlte mich betrogen durch Jacks Entscheidung, durch Dons Unwillen, sich anzupassen, und durch meine eigene Furcht, mein Ansehen zu verlieren, wenn ich ihn bitten würde, uns zu verlassen. Aber es gab noch eine tiefere Falle. Nicht nur, dass ich keine moralische Willenskraft hatte, wenn es darum ging, Don zu lieben. Auch meine Gefühle waren ihm gegenüber total negativ. Wo Liebe und Annahme sein sollten, war ein starker Geist des Verdammens und des Hasses.

Die Vorstellung des Guten in mir wurde vor meinen Augen getrübt. Ich wuchs als ein gutes Kind auf, das die Gesetze scheinbar ganz leicht einhielt. Als ich klein war, war ich offensichtlich so nett, dass die Frau des Pastors der Ortsgemeinde seine Tochter zu uns brachte, damit sie mit mir spielen konnte, in der Hoffnung, dass etwas von dem Guten auf sie abfärben würde. Solange wie ich meine Welt im Griff hatte, war ich mit mir zufrieden. Immerhin konnte ich durch meine Geschäftigkeit mein Gewissen beruhigen. Aber nun war das Gute in mir in Frage gestellt, und das war beängstigend.

Rose Marie, die Hassende. War es dies, was ich Gott anzubieten hatte? Was auch immer ich versuchte, ich hatte nichts anderes anzubieten. Mein Problem war, dass die Sünde das Gebot zum Anlass nahm und mich betrog (Röm. 7,11). *Ich war verführt zu glauben, dass das Gesetz in sich selbst Kraft hat, Liebe zu produzieren.*

Meine früheren Zweifel kamen aus meinem Verwundetsein. Man stellt Gottes wahre Existenz nicht einfach in Frage, es sei denn, dass man von ihm tief enttäuscht ist. Ein tieferes Problem aber war, dass ich Gottes bedingungslose Liebe für mich nicht spüren konnte. Ich spürte nur, dass das Gesetz Gottes viel mehr verlangte, als ich geben konnte. Meinen Nächsten wie mich selbst zu lieben? Wie? Don gab mir kein Lob, nahm mein Wort für selbstverständlich und tat so wenig wie möglich für das Haus.

Ich konnte keine Person lieben und annehmen, die anders war als ich.

Ich bemerkte schliesslich die verhängnisvolle Wahrheit über mich selbst: Ich konnte keine Person lieben und annehmen, die anders war als ich, besonders eine, die gegen mich arbeitete. Ich hatte in mir selbst die Macht zum Hassen entdeckt. Der Apostel Paulus wusste bereits alles darüber. Er schrieb: «Das Gebot, das mir das Leben erhalten sollte, brachte mir den Tod» (Röm. 7,10).

Ich hielt fest – jetzt fast verzweifelt – an meiner Sicht über mich selbst als verwundet und unschuldig. Ich war immer noch gefangen in dem Teufelskreis des Alle-Schuld-auf-die-Umstände-Schiebens und des Reagierens auf diese Umstände mit negativen Gefühlen und Flucht. Nach Analyse der Gefühle verhielt ich mich wie ein Opfer. Ich hatte meine Sünde immer noch nicht als gegen Gott gerichtet gesehen. Es fiel mir auch nicht auf, dass mein Hass Don gegenüber eigentlich nur offenbarte, dass ich in der Dunkelheit wandelte (1. Joh. 2,9). Aber nun hatte Gott das Gesetz gebraucht, um meine Selbstanalyse und mein wachsendes Selbstmitleid unerträglich zu machen und mir paradoxerweise schwache Andeutungen von Hoffnung zu geben.

Ich konnte den Ruf Gottes, zu lieben, nicht abschütteln. Ich fühlte nur die zwingende Macht der Gesetzesforderung: Vergiss dich selbst! Liebe deinen Nächsten! Wahre Schuld klopfte nun an meiner Herzenstür. Ich spürte die beschämende Wahrheit, dass ich jemanden hasste, der nach dem Bilde Gottes geschaffen war! Ich hatte mich wegbewegt von der Last einer diffusen Schuld zu der Einsicht einer bestimmten und realen Sünde, Don nicht zu lieben.

Gewiss hatte das Gesetz als Gebot und Pflicht in sich selbst keine Macht, meinen Ärger zu mindern, mich zu verändern und Harmonie mit Gott herzustellen. Aber es konnte und begann auch damit, die Spiele aufzudecken, die ich spielte. Vom Gesetz lernte ich, dass Gott absolute Massstäbe hat, und gute Absichten konnten den Anforderungen des Gesetzes nicht standhalten.

Öffentlicher Wutausbruch

Doch ich hatte noch nicht des Opfers letzte Zuflucht aufgegeben: meine fast unerschütterliche Überzeugung, dass Jack sowie hingebungsvolle Pflichterfüllung mich retten sollten und könnten. Ich hatte auf Jack vertraut – zusammen mit meinen eigenen zähneknirschenden Bemühungen –, mich zu erretten. Diese abgöttische Zuversicht wurde an einem Nachmittag im Juni 1975 in Washington D. C. zerstört. Nachdem wir einige Zeit in der Nationalgalerie verbracht hatten, sprach ich noch einmal über mein Problem mit Don. Wir gingen die breite Treppenflucht ausserhalb der Kunstgalerie hinab und zum Rasen auf die andere Strassenseite hinüber.

«Jack, das Leben zu Hause ist so stressig, dass ich keine Zeit habe, mit dir zu reden. Barbara ist wieder krank und ich mache mir darüber Sorgen. Ich habe so viel zu tun. Ich fühle mich so depressiv bei dem Ganzen. Don ist solch ein ...» Ich konnte einen Gesichtsausdruck bei Jack feststellen, den ich als Ablehnung deutete. Er sagte etwas wie: «Nicht schon wieder. Bin ich ein Ehemann oder ein Eheseelsorger?»

Das gab mir den Rest. Ich sagte: «Ich möchte, dass du mir zuhörst. Warum tust du nicht etwas dafür, dass Don mehr Verantwortung übernimmt?» Jack hielt seine Hände in abwehrender Haltung hoch. Er sagte: «Ich habe genug von allen deinen Beschwerden. Du bist so negativ.»

Negativ? Welches Recht hatte er, das zu sagen? Ich schlug wütend um mich: «Du hast mich gefragt, was ich an dir verändert sehen will, und soweit ich sehen kann, hörst du mir noch immer nicht zu. Du bleibst bist spät in die Nacht auf, um auf andere zu hören, aber du sorgst dich nicht genug, um mir zu helfen.»

«Bitte, hör damit auf.»

Unsere Herzen waren plötzlich zu Eis gefroren. Ich rannte in die Galerie, schloss mich dort in die Toilette ein und weinte.

Wir waren nie zuvor in der Öffentlichkeit so aneinander geraten. Wir beide hatten die Kontrolle verloren und sprachen sehr hart miteinander. Gemessen an dem, wie in vielen Familien gestritten wird, mag das nicht viel gewesen sein. Leute, die vorbeigingen, mögen das kaum bemerkt haben, da wir beide die Tendenz haben, unsere Stimmen leiser werden zu lassen, wenn wir ärgerlich sind. Aber wir waren ärgerlich! Ich weiss, dass ich gegangen wäre, wenn ich das Geld gehabt hätte, und den Zug nach Hause genommen und Jack verwundert darüber sitzen gelassen hätte, was wohl passiert war. Der Gedanke an Rache war verlockend. Das ganze Wochenende war für mich ruiniert.

An diesem Punkt sagen viele Ehepartner in christlichen und nichtchristlichen Ehen: «Was hat das alles noch für einen Sinn? Nichts funktioniert in unserer Beziehung. Bin ich dazu bestimmt, den Rest meines Lebens so zu leben?» Sie fühlen sich gefangen durch Verantwortungen, Pflichten und ihrem eigenen inneren Sehnen nach mehr.

Nur ein Ausgang

Meine Ehe zu verlassen, war keine Option für mich. Mein Bedürfnis zu bleiben und meine Pflicht zu erfüllen, war zu stark, und ich war zu stolz und schämte mich, Hilfe zu holen. Doch langsam begann ich, von der Rolle des Opfers müde zu werden. Es erschien mir nun töricht, Jack die Schuld für alle meine Probleme zu geben. Ich wünschte mehr ehrliche Kommunikation, und so fragte ich leise, während wir am nächsten Tag nach Hause fuhren: «Jack, warum hast du Don bei uns wohnen lassen, als ich dir sagte, dass es mir zu viel wird?»

Die Augen auf den starken Verkehr gerichtet, antwortete Jack: «Es tut mir Leid, ich wusste auch nicht, was ich tun sollte. Mein Gedanke war, ihn nur für kurze Zeit bei uns wohnen zu lassen. Keiner sonst konnte ihn aufnehmen. Ich habe wirklich versucht, ein anderes Zuhause für ihn zu finden.»

Zum ersten Mal seit langer Zeit war ich in der Lage, mich in seine Probleme hinein zu versetzen und nicht nur daran zu denken, wie es mich angriff. Von diesem Zeitpunkt an hörte ich auf, alle meine Probleme über ihn auszuschütten. Ich verstand, dass Jack nicht in der Lage war, mit meinen Beschwerden fertig zu werden, die über ihn hereinbrachen wie eine Lawine des Unglaubens. Die Spannungen zwischen uns wurden weniger. Ich fing an, es zu hassen, Dinge nur äusserlich zu tun, ohne mit dem Herzen dabei zu sein. Die Heuchelei führte nur zu Schuld und Verdammung. Dies scheint nur eine kleine Einsicht zu sein, aber für mich hatte sie eine enorme Tragweite. Das stürmische Waisenkind sah ein flackerndes Licht – Hoffnung für eine möglicherweise bessere Art zu leben. Eine erste Ruhe kam in meine Seele. Die schlimmsten Schmerzen waren immer noch vor mir, doch es waren heilende Schmerzen. Ich lernte, dass kein unvollkommener Mensch den tiefsten Nöten des anderen Menschen endgültig begegnen kann.

Ich betrachte den menschlichen Zustand als geprägt von beharrlicher Blindheit. Wir verlassen uns auf alles, nur nicht auf Gott. Er wiederum wird uns auf Gnade vorbereiten, indem er unsere Lieblingsfluchtwege verschliesst, bis es nur noch einen Weg gibt. Jack und ich waren durch eine Midlifecrisis hindurchgegangen. Ich hatte meinen ersten Fingerzeig auf das, was Sünde und Schuld eigentlich ist, bekommen. Ich kämpfte noch immer mit ungelösten Verurteilungen, aber das Leben war für mich nicht mehr wie eine private Hölle.

Nachdem ich der Tatsache ins Angesicht gesehen hatte, dass ich keine Liebe «produzieren» kann, fing ich an, ehrliche Fragen nach meinen wahren Bedürfnissen zu stellen. Was war mein eigentliches Problem? Warum konnte ich nicht vergeben und andere lieben? Was hielt mich von Gott zurück? War Stolz mein Problem? Frustrationen können uns lähmen oder dazu führen, aufdeckende Fragen zu stellen. Wir haben die Wahl. Die richtige Antwort führt uns dazu, die Rolle des Opfers aufzugeben.

Ich hatte besser gelernt, wie ich mit meinen Problemen fertig werden konnte, ja mit schweren Problemen. Ich hatte auch etwas Einsicht in den Grund meiner Kraftlosigkeit, Gottes Gesetz zu erfüllen, erhalten. Aber ich hatte nicht gesehen, dass hinter persönlichen und familiären Problemen tiefe Sündenmuster liegen, denen man nur durch Gottes Gnade begegnen kann. Es sollte noch ein weiteres Jahr dauern, bis die überführende Kraft des Geistes Gottes die Tiefen meines selbstgerechten Stolzes offenbaren würde.

Gnadenschimmer

Es gibt zwei Arten der Verzweiflung: eine gesunde, heilende Verzweiflung und eine selbstzerstörerische Verzweiflung.

- Die gesunde Verzweiflung führt dich dahin, Vorwände fallen zu lassen und Gott von Herzen zu suchen. Sie führt zu einem wahren Anfang – neues Leben, angetrieben durch Gnade.
- Ungesunde Verzweiflung treibt dich in die Rolle des Opfers, in welcher alle Verantwortung abgelehnt und die Schuld anderen zugeschoben wird. Sie führt zu Unbeweglichkeit, intensiver Voreingenommenheit und falscher Demut.

Gebet: Unser Vater im Himmel, schenke mir Weisheit, den Unterschied zwischen diesen beiden Arten der Verzweiflung zu erkennen. Lehre mich, wie ich dir näher kommen kann, so dass mein Leben dich ehrt und ich kein Opfer des Selbstmitleids bin. Amen.

Kapitel 5

Die Fälschung sehen: Der Moralist trifft die Prostituierte

Die zerbrochen am Herzen sind, die in Unwürdigkeit kommen, auf Gottes Sühneopfer vertrauen, die alleine werden vor Gott gerechtfertigt. – *Kenneth Bailey, Through Peasant Eyes*

Die meisten von uns wollen schnelle Lösungen für ihre Probleme. Wir haben mehr Interesse an sofortiger Befreiung von Schmerzen, als an dem, was Gott uns durch die Schmerzen lehren will. Doch der Vater lässt uns nicht entwischen, er lässt uns alleine, bis wir von unseren eigenen, selbstzentrierten Einstellungen genug haben. *Wenn eine gesunde Verzweiflung über uns selbst einsetzt, dann fängt Gott leise an, uns eine neue Lernbereitschaft einzuhauchen.* Dieser Prozess begann für mich im Herbst 1975 während eines Sabbatjahres, das wir in Europa machten. Wir wurden von unserer 15-jährigen Tochter und ihrer Klassenkameradin vom Gymnasium begleitet.

Anfang September begannen wir unsere Reise mit einer Woche Urlaub in Irland. Wir reisten in einem gemieteten, von Pferden gezogenen Zigeunerwohnwagen durch das südliche Irland. Er sah wie ein kleiner, überdachter Wohnwagen aus, bei dem das gewölbte Dach in breiten, weissen und roten Streifen gestrichen war. Er war ziemlich komfortabel, ausgestattet mit vier Kojen-Betten und einer kleinen Kochnische mit Herd und Spüle.

Bald schon rollten wir über die irischen Strassen dahin, mit drei Meilen pro Stunde Höchstgeschwindigkeit. Wenn wir dann zu einem steileren Hügel kamen, mussten wir alle aussteigen, ausser dem Fahrer. Der Wagen kroch dann den Anstieg hinauf. Bei diesen langsamen Fahrten pflückten wir Brombeeren und unterhielten uns gelegentlich mit irischen Farmern auf unserem Weg. Der Verkehr war gering, oft gab es überhaupt keinen. Jede Nacht campierten wir bei einem Bauern auf der Weide entlang der malerischen Südküste von Irland.

Obwohl es erst der Anfang vom Herbst war, war es oft kalt und regnerisch. Das war nicht das beste Wetter für jemanden wie mich, der mit Nasennebenhöhlenentzündung und Allergien zu kämpfen hat. Am Anfang der Woche spürte ich den Beginn einer Nasennebenhöhlenentzündung. Die Schmerzen wurden während des Tages stärker; auch Aspirin half nicht.

Ich fragte Jack, ob er nicht mit mir beten könnte, damit ich nicht noch einmal einen Anfall bekommen würde. Wir alle versammelten uns in einem Kreis, als die Sonne hinter einer Steinhecke und wellenförmigen, grünen Hügeln unterging. Jack betete einfach und ruhig zu Gott, dass er mich heilen möge.

Fast augenblicklich verliess mich der Kopfschmerz und die Entzündung wurde besser. Mein schwaches Gebet war für diesen einen Fall, doch für Jahre hatte ich keine Allergie-Nebenhöhlenprobleme mehr. In der Vergangenheit wurde ich unter Stress oft depressiv, schlief dann sehr lange und stand mit entkräftenden Nebenhöhleninfektionen auf. Diese physische Heilung nahm wichtige Glaubensveränderungen vorweg, die bald in meinem Leben eintreten sollten.

Diese vier Monate in Europa waren für Jack ein Sabbatjahr vom Seminar. Er beabsichtigte, diese Zeit dazu zu verwenden, das Thema Rechtfertigung durch Glauben mehr zu studieren und Vorträge darüber zu halten. Nachdem er Nordirland, England, Belgien, Deutschland und Österreich besucht und auch dort gelehrt hatte, fuhren wir weiter durch das südliche Italien und Südfrankreich auf unserem Weg zu dem reformierten Seminar in Aix-en-Provence.

Unstete Menschen

Nachdem wir die ganze Nacht im Zug gefahren waren, kamen wir in Nizza an. Die goldene Sonne des späten Herbstes war an den wolkenlosen, blauen Himmel gemalt, als wenn es der erste Tag der Schöpfung wäre. Die Temperaturen lagen um die zwanzig Grad. Die Luft schien erstaunlicherweise nicht verschmutzt zu sein. Nachdem wir uns im Hotel niedergelassen hatten, schlug Jack vor: «Es ist so ein wunderschöner Tag, lasst uns im Mittelmeer schwimmen gehen.»

Als wir die halbe Meile zum Meer gingen, belastete es mich, die vielen Zuhälter, Prostituierten und ihre vielen Kunden faul herumliegen zu sehen. Ich hatte schon Leute angetroffen, die vielleicht sogar noch gefährlicher waren als diese Menschen hier, aber es lag irgendetwas in der Luft, das mir Sorgen machte. Als wir am Strand ankamen, war ich so aufgeregt, dass ich ärgerlich war. Was beunruhigte mich?

Ich dachte zurück an die Frauen an den Strassenecken und ich wusste, warum. Ich hasste die weitverbreitete Akzeptanz des Bösen, als sei es etwas Normales. Beispielsweise schien in dieser schönen, sonnigen, weissen Stadt niemand darüber bekümmert zu sein, dass Teenager Prostituierte waren. Einige sahen sehr jung aus. Der Strand war felsig und die Frauen waren alle oben ohne. Auch das wurde von allen, die badeten, als normal akzeptiert. Ich war erleichtert, als wir endlich weggingen.

Elsa

An diesem Abend assen wir unsere Mahlzeit im Restaurant in der Nähe unseres Hotels. Die Tische mit ihren rot-weiss-karierten Tischdecken standen dicht beieinander und der Speisesaal war mit Menschen gefüllt. Nachdem wir ein Dankgebet gesprochen hatten, vergassen wir die unsittlichen Verhältnisse auf der Strasse und begannen, uns zu unterhalten und zu lachen. Doch die Sache wurde plötzlich auf unerwartete Weise personifiziert. Nach dem Abendessen wurde Jack von Keren gebeten, ihr und ihrer Freundin Cindy eine Cola zu kaufen. Als Jack feststellte, dass sie jeweils einen US-Dollar kosten würden, sagte er: «Das ist zu teuer.» Keren machte sich nun an die Aufgabe, die zwei extra Dollar von Jack zu bekommen, mit viel Gelächter und Humor ging es hin und her.

Jack griff gerade in seine Tasche, um nach den benötigten französischen Francs zu schauen, als sich eine attraktive, junge Frau vom Nachbartisch mit einem Lächeln hinüberlehnte. Sie sagte in exzellentem Englisch: «Bitte, lassen Sie mich die Cola für die Mädchen kaufen.» Jack erwiderte: «Sicher, wenn Sie möchten, ich kann diese Hilfe gut gebrauchen. Die Mädchen essen und trinken nämlich sehr viel.»

Was dann kam, war eine wirkliche Überraschung. Sie sagte: «Sie sind doch Christen, oder?» Wir nickten. «Ich habe das gesehen, denn ich kenne Christen wie Sie in Holland. Ich bin dort hingefahren, um David Wilkerson bei den Treffen von Jugend für Christus zu hören. Ich mochte ihn und die Christen. Sie waren so glücklich, und ich spürte das auch bei euch, als ihr alle am Erzählen und Lachen wart.»

Dann schaute die gut angezogene Frau uns an und sagte herausfordernd: «Wissen Sie, wie ich meinen Lebensunterhalt verdiene?»

Keiner von uns beiden sagte, was er dachte: *Sie sind wahrscheinlich eine Prostituierte, die auf einen Kunden wartet.* Doch Jack antwortete leise: «Ich glaube, wir wissen, wie Sie Ihren Lebensunterhalt verdienen.»

Ihr Name war Elsa. Sie fragte: «Darf ich ganz persönlich mit euch reden, ohne die Mädchen?» Nachdem wir die Mädchen baten, in ihre Zimmer zu gehen, fragte sie uns gerade heraus: «Glaubt ihr, dass es noch irgendeine Hoffnung für mich gibt?»

Nach einer einstündigen Diskussion gingen wir zusammen durch die Strassen von Nizza spazieren. Was wir an diesem Nachmittag am Strand gesehen hatten, war nichts im Vergleich zu dem, was Elsa uns an diesem Abend zeigte. Sie zählte an beiden Händen Prostituierte auf, viele von ihnen in dem Alter unserer Mädchen.

Ich glaube, die Heilung, die Gott mir in Irland geschenkt hatte, begann, meine Zuversicht zu Gott wieder herzustellen, dass er mit mir war. Ich hatte jetzt eine neue Freimütigkeit und ein neues Anliegen. Als wir bei einem Strassencafé anhielten, um einen Tee zu trinken, platzte ich heraus: «Komm mit uns zum Hotel zurück. Morgen nehmen wir den Zug nach Marseille und dann weiter nach Aix-en-Provence. Wir haben Freunde dort, die dir helfen können. Da du Holland liebst, können wir dir helfen, zum holländischen L'abri zu gehen. Das ist ein Studienzentrum für Menschen, die mehr über Gott wissen möchten.»

Elsa kämpfte in Gedanken mit den Folgen. «Bin ich gewillt, meinen teuren Lebensstil aufzugeben? Kann ich noch einmal neu anfangen und Vergebung erfahren?»

Nach einer Zeit verliessen wir das Café und gingen zum Hotel zurück. Ich warf meine Ängste auf die Seite und drängte: «Elsa, komm mit uns.» Mit einem Nicken und Lächeln traf sie ihre Entscheidung: «Ich werde mit euch gehen.»

Die Entdeckung der Gnade

Wir entschieden, dass das einzig Richtige jetzt wäre, Elsa ein Zimmer in unserem Hotel zu besorgen, da sie Angst hatte, in ihr eigenes Zimmer zurückzugehen und ihre Sachen zu holen. Ich hatte auch Angst. Würden wir vielleicht ihre «Auftraggeber» treffen? Sie könnte ja sogar unter der Kontrolle organisierter Krimineller stehen. Was würden sie ihr antun? Was würden sie uns tun? Würden wir Cindy und Keren in Gefahr bringen? Was wussten wir eigentlich über Elsa? Spielte sie mit uns vielleicht nur Theater?

Der Hotelangestellte schaute uns merkwürdig an, als wir für Elsa ein Zimmer bestellten. Wir bemühten uns, so zu tun, als wäre es das Natürlichste auf der Welt, für eine gut gekleidete Frau ohne Koffer ein Zimmer zu mieten. Als wir Elsa gute Nacht sagten, gab ihr Jack seine Bibel zu lesen. Ich sagte zu Jack, kurz bevor ich einschlief: «Ich bin gespannt, ob sie überhaupt morgen früh noch in ihrem Zimmer ist.»

Am Morgen ging ich hinunter zu ihrem Zimmer. Als ich leise an ihre Tür klopfte, stiegen Ängste in mir auf. Doch nach nur einem kurzen Moment stand sie dort, angezogen und bereit zu gehen. Noch vor sieben Uhr nahmen wir den Zug nach Marseille. Jack und ich waren beide gereizt und ängstlich bei unserem Vorhaben. Elsa dachte an andere Dinge. Als sie sich setzte, sagte sie: «Ich habe letzte Nacht nicht viel geschlafen. Zuerst dachte ich, *das ist wahnsinnig*. Ich ging zum Fenster, um auf das wunderschöne Mondlicht und auf die Strasse zu sehen. Die Strasse hatte eine starke Anziehungskraft für mich. Sie rief mich wie eine Stimme von zu Hause. Ich entschied, dass ein neues Leben für mich nicht möglich wäre. Aber ich nahm die Bibel und öffnete sie an einer Stelle, an der ich meine Lebensgeschichte las. Es ist das Buch eines Propheten, der von Frauen wie mir erzählt, die ihrer Arbeit nachgehen. Ich war geschockt. Ich fühlte mich, als ob Gott mich die ganze Zeit beobachtet hätte. Die Geschichte erzählte mir genau, wie ich mich benahm und meine Pläne machte. Aber sie machte mich auch nachdenklich. Vielleicht kannte Gott mich und könnte sich um mich kümmern.»

Aber ich nahm die Bibel und öffnete sie an einer Stelle, an der ich meine Lebensgeschichte las. Ich fühlte mich, als ob Gott mich die ganze Zeit beobachtet hätte.

Sie fragte, ob wir wüssten, welche Bibelstelle das war. Wir schüttelten unseren Kopf. Sie sagte: «Ich nahm die Bibel in die Hand und schlug sie auf. Etwa so ...»

Die Bibel öffnete sich und sie schaute darauf. Verwundert sagte sie: «Das ist es!» Sie las uns aus dem dritten Kapitel von Jeremia über das Verhalten von Israel, der Prostituierten, vor. Nachdem sie fertig war, sagte sie fragend: «Vielleicht öffnet sich eure Bibel auf ganz natürliche Weise immer zuerst an der Stelle von Jeremia 3.»

«Das ist mir neu», sagte Jack. Er nahm die Bibel in die Hand und liess sie verschiedene Male sich öffnen, aber es geschah kein einziges Mal bei Jeremia 3.

Als wir in Marseille ankamen, telefonierten wir mit unseren Freunden im Seminar von Aix-en-Provence. Sie nahmen Elsa sehr gerne als Gast auf und hiessen uns herzlich willkommen. Nach dem Mittagessen ging ich mit Elsa zu einer nahe gelegenen, schattigen Stelle. In der warmen Nachmittagssonne, die durch die Bäume durchschien, erklärte ich ihr die ersten vier Kapital des Römerbriefs. Ich war selbst begeistert von dem Brief, obwohl ich noch nicht alles verstand. Aber ich wusste, es war genau das, was Elsa dringend hören musste. Ich bemerkte, dass sie intellektuell alles über Gnade, Vergebung und Christi Tod für ihre Sünden verstand, aber sie konnte es einfach nicht annehmen, dass Gott sie wirklich liebte und all ihre Sünden wegnehmen könnte.

Elsa hörte dem, was wir sagten, aufmerksam zu, doch es gab noch ein Hindernis auf ihrem Glaubensweg. Sie sagte: «Tatsächlich weiss jeder, dass ich eine Sünderin bin, und *ich weiss, dass ich eine Sünderin bin*. Ich weiss um viele Dinge, die ich getan habe, für die ich mich schäme. Aber es gibt da auch noch sehr viel Heuchelei in mir. Ich war als Studentin in Prag, als die Russen kamen und unser Land einnahmen. Ich wurde zu einer radikalen Dissidentin und habe Steine auf die Polizisten und Soldaten geworfen. Doch ich war eine Heuchlerin, eine selbstgerechte Heuchlerin. Ich liebte mein Land nicht, fühlte mich anderen Menschen überlegen und hasste Autorität. Ich bin durch und durch ein Rebell und liebe niemanden anders als mich selbst.»

Man wird von einem Sünder nicht erwarten, dass er zugibt, von Selbstgerechtigkeit beherrscht zu sein, aber wenn Gnade zu wirken beginnt, passieren Überraschungen.

Elsa und ich fuhren fort, Römer 8 zusammen zu studieren. Sie war fasziniert von der Betonung der Worte «keine Verdammnis». Voll von Sünde und Schuld, Stolz und Selbstgerechtigkeit fand sie bald Befreiung von der Verdammnis. Gott vergab die Rebellion ihres Herzens und ihre bissige Selbstgerechtigkeit. Zerbrochen im Herzen und unwürdig vertraute sie auf das Werk Christi und kam mit Gott ins Reine.

Sie wurde in einer kleinen französischen reformierten Gemeinde in Aix-en-Provence getauft. In einem Gespräch mit den Gemeindeleitern erzählte sie, wie es sie erschüttert hatte, als sie entdeckte, was der Vater tat, als er seinen Sohn für einen Sünder wie sie gab. «Was für eine grosse Liebe hat Gott, wenn er einen Sünder wie mich annehmen und ihm vergeben kann!»

Ich beobachtete die Zeremonie mit Tränen, und später umarmte ich sie, wie ich das bei meiner eigenen Tochter tun würde. Sie hatte die Kraft gefunden, ihrem alten Leben den Rücken zu kehren, weil das grösste Problem von allem, Schuld und Scham, durch den Glauben an Christus weggenommen worden war.

Die Ironie an der Geschichte: Ich hatte wirklich versucht, Elsa zu befreien, aber mir war so wenig bewusst, wie sehr ich selbst es nötig hatte, befreit zu werden. Hier stand ich nun, die moralische, selbstgerechte Frau. Ich versuchte, meinen Weg zum Frieden durch moralisches, eigenes Bemühen zu finden, indem ich einen Sünder zu Christus führte. Der Unterschied zwischen Elsa und mir zu jener Zeit war der, dass Elsa wusste, dass sie eine Sünderin war. Unter der Oberfläche hatte ich immer noch zu viel Kraft von der falschen Art und fuhr fort, die wahre Schuld und Sünde zu verneinen. Stattdessen nahm ich die Haltung eines Opfers ein, beschuldigte Jack und meine Umstände, wenn das Leben ausser Kontrolle geriet. War es so einfach, Frieden zu finden? Einfach nur Busse zu tun und auf

Christi Rechtfertigung zu vertrauen? Das Vorbild von Elsa weckte in meinem Denken Hoffnung.

Tiefere Heilung beginnt

Ich glaube, dass Jacks Gebet in Irland mehr bewirkte, als nur meine Migräne zu heilen. Die Heilung ging tiefer, in die inneren Tiefen meines Selbst. Wolken der Angst schienen sich von meiner Seele zu heben. Andeutungen von einem beständigen Frieden waren in meinem Leben spürbar, und es entstand ein Hunger in mir, mehr von Gottes bedingungsloser Liebe kennen zu lernen.

Unsere Begegnung mit Elsa war ein wichtiger Wendepunkt in meinem Leben. Viel von meiner Sicherheit hing an meiner Familie und meinem Zuhause. Ich hatte ein wunderbares Vertrauen in mein eigenes Haus, denn dort fühlte ich, dass ich die Kontrolle hatte. Mir machte es nichts aus, für alle möglichen Leute abzuwaschen und sie zu bewirten. Ich hatte ein natürliches Verständnis von der Psychologie des Menschen und war ganz gewillt, Menschen dazu zu bringen, dass sie sich den Regeln unseres Hauses und den Gesetzen der Bibel anpassten. Doch wusste ich nicht, wie ich tiefer zu den Leuten vordringen konnte. Jack war derjenige, der sie immer lehrte, wie man eine persönliche Beziehung zu Jesus herstellt. Er redete viel über die Sohnschaft. Das meiste von dem schien mich nicht zu erreichen.

Doch nun, da Elsa Jesus finden durfte, war ich verwundert über Gottes Macht, diese rebellische Frau von der Strasse zu verändern. Ich war überrascht – und ehrfürchtig – angesichts der Gnade, die in ihrem Leben arbeitete. Die Veränderung in Elsa gab auch mir Hoffnung, dass Gott mächtig ist und er vielleicht auch mich verändern konnte. Bald schon würde ich überrascht sein von seiner Gnade – Gnade, die bis in das Innerste meines Lebens hineinreichen würde.

Gnadenschimmer

Religiöser Moralismus und christlicher Glaube haben beide mit Normen und Gehorsam zu tun; beide sind Auslöser guter Taten.

- Religiöser Moralismus ist verwurzelt in der Macht des Willens und des Selbst. Am Ende versagt er und wir handeln wie Waisen: ängstliche, unsichere Menschen, die Kontrolle benötigen. Wir mögen in der Lage sein, unsere Probleme zu analysieren, aber wir können keine Heilung herbeiführen.
- Christlicher Glaube ist verwurzelt in der Macht von Jesus Christus. Letztendlich kommen wir dahin, ihm zu vertrauen, dass er mit unserer Sünde fertig geworden ist. Wir können noch immer unsere Probleme analysieren, aber letzten Endes ruht unsere Hoffnung für eine Heilung auf der Gnade Gottes, die durch unsere Beziehung zu Jesus kommt.

Gebet: Himmlischer Vater, sende deinen Heiligen Geist, um das tiefste Innere meines Lebens zu durchdringen. Ich weiss so wenig über Gnade. Ich handle wirklich wie ein Waisenkind, wenn mein Leben und meine Beziehungen ausser Kontrolle geraten. Belehre mich über deine bedingungslose Liebe. Amen.

Kapitel 6

Vergebung finden: Der Moralist begegnet Jesus Christus

Doch diese christliche Gerechtigkeit ist die grösste Gerechtigkeit. [...] Sie hat nichts damit zu tun, was wir tun oder wie hart wir arbeiten, sondern sie ist uns gegeben worden und wir tun nichts dafür. [...] Wir empfangen und erlauben jemand anderem, all die Arbeit für uns und in uns zu tun; und Gott ist es, der das tut. Das ist der Grund, warum wir dies passive Gerechtigkeit nennen.

– Martin Luther, wiedergegeben nach seinem Kommentar zum Galaterbrief

David Mains dachte in einem Artikel mit dem Titel «Meine grössten Fehler im Dienst» über die Auflösung der gut bekannten «Circle Church» nach, in der er Pastor war. Mains sagte, dass einer der Hauptgründe für die Entzweiung in der Gemeinde ein Versäumnis seinerseits war: In all den Jahren in der Gemeinde hatte er nicht ein einziges Mal über die menschliche Verderbtheit gepredigt.

Mains gab zu verstehen, dass die Gemeinde zerbrochen war, weil die Leiter und die Gemeinde nicht auf ihre eigene Fähigkeit, zu sündigen, vorbereitet waren. In gleicher Weise war *mein* Leben unter Druck zerbrochen, weil ich meine menschliche Verderbtheit unterschätzt hatte. Ich hatte nicht nur meine eigene Fähigkeit, gegen Gott zu rebellieren, verleugnet, sondern ich sah auch meine Liebe zur Kontrolle nicht als Bollwerk der Rebellion.

Gottes Dienst der Gnade an mir begann, als er die selbstgerechte Verteidigung einer Waisen (des Opfers) niederriss, die es ablehnte, die Verderbtheit in ihrem Leben zuzugeben. Wenn ich mich schuldig fühlte, habe ich stattdessen ein Buch gelesen, mich mehr angestrengt, mehr gearbeitet und sogar treuer die Bibel gelesen. Einer der gefährlichsten menschlichen Fehler ist der, sich auf sich selbst, anstatt auf Gott zu verlassen. Es gibt nichts, was wir so zögerlich aufgeben wie das Gefühl, *ich kann es tun*. Wenn das nicht funktioniert, ist unsere natürliche Reaktion, schier zu verzweifeln.

Ich denke, es ist unmöglich, den Verletzungen und verborgenen Sünden zu begegnen, ohne zu wissen, dass Gott dich liebt. Die Last ist zu schwer. Bis zu diesem Punkt war mein Mangel an Bewusstsein der bedingungslosen Liebe Gottes der Hauptgrund, warum ich Ordnung und Kontrolle brauchte. Die Gnade, diese Wahrheit zu verstehen, muss uns zu Gottes Bedingungen erreichen, nicht zu unseren. Gnade kommt nur in unser Leben, wenn wir aufhören zu probieren und ernsthaft zu unserem Vater um Hilfe beten. Ich bat mit einem wirklichen Hunger nach einer Antwort auf die Frage: «Was fehlt mir?» Die Antwort war unterwegs.

Lektionen auf der Skipiste

Anfang März 1976 fuhren Jack und ich mit dreissig Amerikanern zu einer Konferenz in die Schweiz nach Chateau D'Eaux. Während wir mit dem Bus vom Flughafen zu dem Dorf fuhren, fing ich den ersten Blick von den Schweizer Alpen ein, ein spektakulärer Hintergrund zum friedlichen Genfersee. Herrlich!

Wir fuhren durch ein langes, tiefes Tal mit den Chalets und Häusern von Chateau D'Eaux. Die Häuser standen in kleinen Gruppen in der Mitte des Tales. Als der grosse, verchromte und verglaste Bus ins Dorf kam, sahen wir einen hohen Hügel von einer Mauer umgeben, mit einer Kirche und einem kleinen Friedhof nahe dem Dorfzentrum. Zu unserer Rechten erschienen die Berge, wo man Ski fahren konnte. Wir fuhren auf einem Seitenweg einen Hügel hinauf zu unserem Hotel. Dies war für eine Woche unser Zuhause.

Jack war einer der Redner während der Konferenz. Er sprach über das Thema Sohnschaft. Jack hatte durch das geduldige Beantworten meiner vielen Fragen viel gelernt. «Ist Gott jemals böse auf den Christen?», «Wie ist Gottes Einstellung dir gegenüber, wenn du deine Pflicht nicht tust?», «Wenn dein Gewissen dich verdammt, heisst das dann, dass dich Gott auch verdammt?» Diese Fragen spornten Jack dazu an, den Römer- und den Galaterbrief zu studieren, um Antworten zu finden. Die Frucht seiner Studien war nun das Thema der Woche. Ein anderer Redner behandelte das Thema «Vergebung». Alle diese Vorträge dienten dazu, mein Herz für ein mächtiges Wirken Gottes vorzubereiten.

In der Mitte der Woche ging ich ins Dorf, lieh mir Skier und Skischuhe und kaufte mir eine Karte für den Lift, der mich auf den Berg hinaufbringen sollte. Die Liftgondel schwang sich über das Tal und über die Bäume und schon bald waren nichts als schneebedeckte Hänge zu sehen. Auf halber Strecke zu unserem Ziel stiegen wir aus der grossen Gondel in kleine, zweisitzige Sessellifte um. Sie brachten uns zum Gipfel des Berges. Die Sicht war atemberaubend! Es war ein herrlicher Tag, an dem die Sonne schien, und der Schnee glitzerte glänzend weiss. Ich stellte mir vor, wie ich den Berg mit wunderbarer Leichtigkeit hinabfuhr. Doch dann warf ich einen zweiten Blick auf den Berg, und mir wurde die Realität bewusst. Unter mir konnte ich Eisklumpen sehen. Ich war von meiner Gruppe weit entfernt.

«Gott, wie werde ich nur von dem Berg hinunterkommen?», fragte ich mich. Ich bin mir nicht sicher, ob das ein Gebet oder ein verzweifelter Hilfeschrei war. Mit meinen begrenzten Fähigkeiten war es unmöglich, den Skihang hinunterfahren zu

können. Ich kam auch nicht auf die Idee, den Weg zurückzugehen, den ich hinaufgekommen war. Ohne einen weiteren Gedanken fuhr ich los. Ich wurde immer schneller und merkte, wie die Skier zu gleiten begannen. Dann kippte ich um, und nach etlichen Metern kam ich zum Stillstand.

Ich wiederholte dieses Muster immer wieder. Ich stand auf, stiess mich ab, wurde schneller, verlor dann die Kontrolle und fiel. Das ging so weiter, bis ich schliesslich frustriert meine Skier abnahm. Als ich die Bindungen löste, rutschte mir ein Ski aus der Hand und glitt mit zunehmender Geschwindigkeit wie ein Geschoss den Berg hinunter.

Ich versuchte zu gehen, doch dies war sogar noch schwerer, als mit den Skiern zu laufen. An einigen Stellen war der Schnee so tief, dass ich bis zu den Knien einsank. Ich versuchte sogar, mich auf mein Hinterteil zu setzen und zu rutschen. Nach drei Stunden des Abmühens, Fallens und Aufstehens kam ich schliesslich bei der Liftstation an. Die letzte Gondel an diesem Tag war zur Abfahrt bereit. Ich muss schrecklich ausgesehen haben, denn eine Schweizer Skifahrerin bot mir sofort ihren Sitzplatz an. Eine halbe Stunde später wankte ich völlig erschöpft in meinen steifen, schweren Skischuhen durch die verschneiten Strassen des Dorfes zum Hotel, mit den Skiern auf meiner Schulter. Jack traf mich an der Tür unseres Zimmers und ich erzählte ihm die lange, traurige Geschichte. Er ging ins Badezimmer, füllte die Wanne mit heissem Wasser und half mir, in die Badewanne zu kommen, um meinen müden Körper zu entspannen.

In meinem Herzen gab ich Gott die Schuld für meine grässliche Erfahrung. Ich schimpfte: «Warum hast du mich den Berg raufgehen lassen, wenn du wusstest, wie es sein würde?» Der Gedanke, dass meine Einstellung eine schuldzuweisende Arroganz war – nun, das war mir noch nicht in den Sinn gekommen! Aber am folgenden Sonntag erhielt ich die Antwort auf meine Frage. Ich lernte, warum Gott es zuliess, dass ich dieses demütigende Erlebnis hatte.

Der Kuss des Vaters

Während wir uns an dem Sonntag in einem grossen Saal mit Blick auf die Berge zur Anbetung trafen, setzte ich mich ganz nach vorne auf einen bequemen Stuhl. Die eine Seite des Raumes bestand aus einer Fensterfront. Am Tag zuvor hatte es ca. 30 cm Neuschnee gegeben. Es war ein herrliches Wintermärchen.

Bald schon sprach Jack über eine andere Herrlichkeit, die grössere Herrlichkeit Christi. «Er war für uns zerbrochen, geschlagen wie der Fels in 2. Mose 17.» Jack erklärte dann die «Gerechtigkeit Gottes, die wir durch Glauben empfangen». Ich hörte nur halb zu. «Es aus eigener Kraft zu versuchen, gibt dir keine lebendige Beziehung zu Gott. Es ist alles ein freies Geschenk durch die Verdienste Christi. ... Anderen zu vergeben ist nur möglich, wenn du weisst, dass der Vater dir um Jesu willen vergeben hat.»

Diese Worte durchbrachen meine Träumereien. Ich wollte sie verdrängen, aber die Worte blieben in meinem Bewusstsein. Sie schwebten und warteten auf einen Eintritt in mein Herz.

Ich erinnere mich nicht mehr an den Rest der Predigt, aber als es Zeit für das Abendmahl war, sagte Jack: «Das Mahl des Herrn ist der Kuss des Vaters, es sichert uns seine Liebe zu.» Beim Brechen des Baguettebrotes knackte es laut. Ich sah mit neuen Augen, wie der Speer der römischen Soldaten den Leib Christi für meine Sünden gebrochen hatte. Mein eigenes Herz brach, als ich mich an den Skiunfall vor einigen Tagen erinnerte. Es war, als ob Gott zu mir sagen würde: *Rose Marie, dein ganzes Leben ist wie dein Herunterrutschen vom Berg. Du bist voll von Selbstvertrauen, Selbstgerechtigkeit und Stolz. Ich liess dich den Berg hinaufgehen, um dir dich selbst zu zeigen.* Da war keine hörbare Stimme, die diese Worte sagte, aber die Worte waren da und drangen in mein Herz.

Der Vater hatte meine Augen für seine Gnade geöffnet. Ich wurde durch seine liebende Hand aus dem Feuer herausgehoben. Aber es war eine äusserst schmerzhafte Begegnung. Das Feuer schien in mein Herz eingedrungen zu sein und brannte meine eigene Selbstgerechtigkeit weg.

Die Schlangenhaut kommt runter

Ich erkannte nun, wie oft ich Gott und andere für die schweren Dinge in meinem Leben beschuldigt hatte. Ich konnte sehen, dass mein Problem bei Ruths Hochzeit durch meinen Stolz verursacht worden war. Eine stolze Selbstgenügsamkeit hatte mich davon abgehalten, die Angebote von anderen anzunehmen, mir mit dem Essen zu helfen. Ich sah ganz klar, wie meine Selbstgerechtigkeit und mein Stolz mich in ein Chaos brachten. Meine natürliche Reaktion war die, dass ich zuerst Gott, dann Jack und schliesslich meine Umstände beschuldigte. Schuldzuweisung ist lähmend, denn sie versteckt die wahre Herkunft von Sünde und Gnade.

Ich liebe die Narnia-Erzählungen von C. S. Lewis. In dem Buch «Die Reise auf der Morgenröte» wird der egoistische Eustachius zu einem Drachen. Wenn er die Schlangenhaut durch seine eigenen Anstrengungen abzieht, dann ist immer wieder eine andere dicke Schicht darunter. Meine Schlangenhaut war mein selbstgerechter Moralismus. Meine so genannten Frömmigkeiten waren ein Teil davon. Sie waren schwere Schlangenhäute, denn sie waren die schützende Rüstung, die mich davon abhielt, die Liebe Gottes zu erkennen. Der Unterschied zwischen mir und Eustachius war der, dass ich nicht versucht hatte, die Schichten abzunehmen. Gott trat einfach in mein Leben. Und durch die Intervention des Vaters der Gnade wurde meine Schlangenhaut des Moralismus durchdrungen. Ich fühlte das Auftrennen und Zerreissen durch den Löwen von Juda. Jetzt weinte ich Tränen der Busse und hatte nur ein Taschentuch, um den Tränenstrom zu stoppen.

Mein «Gutes» ist nicht gut genug

Ich war entlarvt und gleichzeitig wurde mir vergeben. Ich erkannte, warum ich so grosse Schwierigkeiten gehabt hatte, Martin Luthers Einleitung zum Kommentar zum Galaterbrief zu verstehen. Er schrieb an Menschen, die *Sünder* waren, die keine Hoffnung auf Gerechtigkeit aus sich selbst heraus hatten.

Natürlich wusste ich, wie viele andere typische moderne Christen, dass ich «Sünden» hatte. Zumindest ein paar. Doch das waren meistens oberflächliche Sachen, Dinge von äusserem Benehmen, eher Taten und Handlungen als innere Einstellungen. Mein ganzes Denken war auf moralisches Versagen und moralischen Erfolg zentriert, anstatt auf Sünde und Gnade. Vor diesem Erlebnis des Aufdeckens dachte ich, Sünde sei ein Versagen von mir oder anderen. Ich war durch dieses Versagen unerbittlich verurteilt, aber ich verteidigte mein schäbiges «Gute-Taten-Konto» dadurch, dass ich andere beschuldigte, wenn die Dinge nicht so liefen, wie ich es wollte. Dadurch, dass ich nicht glaubte, dass Gott mich auf der Basis von Christi Leben, Tod und Auferstehung liebte, konnte ich dem Risiko nicht ins Angesicht sehen, meine Sünden als meine Verantwortung zu sehen.

Dann, nachdem ich versucht hatte, mein Gewissen zu beruhigen, indem ich andere beschuldigte, lenkte ich mich ab, indem ich mich mit Arbeit und Pflichten volllud. Oder um es mit Luthers Sprache auszudrücken, ich war voll von aktiver Gerechtigkeit. Ich schaute auf meine äussere Aktivität, um mich selbst gut zu fühlen, und mass andere an meinen eigenen vielen Aktivitäten.

Doch hier wurde ich von meinem Gewissen eingeholt. Die Entscheidung, den Berg hinaufzufahren und auf Skiern wieder hinunterzufahren, traf ich selbst. Warum kam es mir nicht in den Sinn, so hinunterzufahren, wie ich heraufgekommen war? Nun, das ist die Art, wie ich mein Leben lebte. Ich war mein eigener Leiter, ich folgte meinen eigenen Erkenntnissen und verliess mich auf meine eigene Kraft. Sicherlich, da gab es Momente, wo selbst ich sehen musste, dass ich Hilfe benötigte. Aber ich wollte immer, dass Gott *meine* Kraft stärkte und *mein* «Gute-Taten-Konto» verbesserte. Mit neuer Klarheit sah ich im Abendmahl, dass Christus das Gesetz für mich gehalten hatte. Die einzig würdige gute Tat war Christi gehorsames Leben und sein Tod für meine Sünden. «O, welch wunderbare Liebe! Wie kann es nur sein, dass du, mein Christus, für mich gestorben bist?»

Bis jetzt hatte ich wirklich nie gesehen oder zugegeben, dass ich weder Kraft noch Gerechtigkeit hatte. Doch am Ende sagte ich zu mir selbst: *Du bist hart im Nehmen; du versuchst es; du gibst nicht auf. Diese Qualitäten zu besitzen ist gut, wenn die Grundlage dafür Glaube ist. Aber wenn es nur aus eigener Anstrengung geschieht, dann wirst du unweigerlich fallen.*

Christi Gerechtigkeit ist alles

Nun verstand ich, worüber Luther sprach. «In der Gerechtigkeit aus Glauben arbeiten wir gar nichts, wir geben Gott nichts, sondern wir sind nur Empfangende und erlauben jemand anderem, in uns zu arbeiten.»[1] Das ist es, was Luther passive Gerechtigkeit nannte – eine Gerechtigkeit, die uns durch den Glauben zugerechnet wird. Das war Christi Gerechtigkeit, erkauft durch den Preis seines Blutes am Kreuz. Das empfing ich durch Glauben. Der Grund, warum es für mich so schwer war, einen persönlichen Glauben an Christus zu haben, war der, dass ich nicht eine totale Vergebung erlebt hatte. Doch jetzt hatte ich wirkliche Sünden – einschliesslich meiner Einstellung des Auf-mich-selbst-Verlassens und des Schuldzuwei-

1 Martin Luther: «Argumente aus dem Brief des St. Paulus an die Galater» in seinem Kommentar zum Galaterbrief (siehe Anhang A)

sens – zu meinem wahren Erretter gebracht, und sie waren vergeben worden.

Ich war so tief überführt von meiner Sünde gegen Gott und ehrfürchtig berührt durch seine Liebe, die ich empfing, dass ich es kaum schaffte, das Mittagessen zu überstehen. Wie gewaltig ist es, von einem liebenden, gerechten Gott bedingungslos geliebt zu werden! Ich konnte es kaum erwarten, mit Jack alleine zu sein, um ihm von allem zu berichten, was mit mir passiert war. Welch ein Gesichtsausdruck von ihm, als ich ihn umarmte und ihm sagte, dass ich eine Sünderin bin! An seiner Schulter weinend bat ich um seine Vergebung für meinen Stolz, alles Verurteilen und mein Richten, das ich in unsere Ehe gebracht hatte. Er vergab mir mit grosser Freude. Es war eine wunderbare Versöhnung.

Ich war überwältigt von seiner Gnade: Der Kuss des Vaters hatte seine verlorene Tochter zu Hause willkommen geheissen.

Ich hatte sicherlich kein vollkommenes Verständnis von all dem, was Gott mir als seiner Tochter anbot. Aber auf der Skipiste wurde die Sünde entlarvt – mein Stolz, mein unabhängiger Geist – und am Tisch des Herrn sah ich die Bedeutung von Christi Tod. Ich war überwältigt von seiner Gnade: unverdient, dennoch ganz frei gegeben. Sie kam zu mir mit einer fast brennenden Gewissheit, dass Jesus mich liebte und für mich gestorben war. Der Kuss des Vaters hatte seine verlorene Tochter zu Hause willkommen geheissen.

Kontrolliert durch Gnade

War das ein Bekehrungserlebnis? Viele Menschen haben diese Frage gestellt. Ich bin nicht sicher. Ich kannte das christliche Vokabular. Ich hatte gebetet und auch Gebetserhörungen erlebt, besonders in Bezug auf Gesundheit, Bewahrung und materielle Fürsorge für unsere Familie. Aber vor der Schweiz schien meine Gute-Taten-Religion nicht von Gnade gezeugt zu haben. Unter der Oberfläche hatte ich meine Religion der Selbstkontrolle durch menschliche Willenskraft, und mein hauptsächliches Interesse lag in der Selbstgerechtigkeit und nicht in Christi Gerechtigkeit. Aber ob das zum ersten Mal die Erlösung war oder einfach ein grundlegender Gnadenstrahl, das Prinzip bleibt das Gleiche. Das Evangelium ist eine Kraft in dem Leben derer, die wissen, dass sie das Blut Jesu als ständige Kraft brauchen.

Mein Problem war, dass ich aktiv versucht hatte, durch moralische Anstrengungen einen guten Ruf zu erreichen. Ordnung und Kontrolle waren so wichtig für mich, denn ich glaubte, dass sie die einzige mögliche Grundlage zum Erreichen eines sicheren Standes bei Gott darstellten. Nun stand alles von meiner «aktiven Gerechtigkeit» unter dem Blut Jesu. Die einzige Bedingung für Gerechtigkeit ist das Eingeständnis, dass man ihrer bedarf; in dem Wissen, dass das Herz sündig ist – eine altmodische Erkenntnis der Sünde.

Gib deine Erfolgs- und Versagensmuster ab. Suche Gnade in Christus, demütig und ehrlich. Verstehe, dass eine Überführung von Sünde dich nicht neurotisch macht, sondern vielmehr der Anfang vom Ende einer Neurose sein kann. Was überhaupt ist neurotisch? Ganz einfach eine verletzte Person, die sich der Kritik in jeder Form verschlossen hat und sich dennoch äusserst intensiv, destruktiv mit Selbstkritik beschäftigt, die weder Hoffnung noch Hilfe hervorbringt.

Was für eine wunderbare Befreiung bietet Gottes Gnade doch in Christus an! Meine Schuld kam völlig ans Licht und zur gleichen Zeit wurde mir vollkommen vergeben. Als ich in dem Werk eines anderen ruhte, war mein Herz in Frieden mit Gott; und zum ersten Mal fühlte ich Frieden mit mir selbst.

Gnadenschimmer

Der Glaube an das Evangelium – Jesu sühnender Tod am Kreuz und seine Auferstehung – ist das, was uns zu Christus führt und uns dazu motiviert, in der Gnade zu wachsen.

- Glaube und Überheblichkeit (Selbstvertrauen und äussere Moralität) sehen sich ähnlich, so dass nur Krisen die Überheblichkeit entlarven können. Das eigene Selbstvertrauen versucht ständig, unser Vertrauen auf Christi Gerechtigkeit hin zu unseren eigenen Anstrengungen zu verlagern.
- Daher werden Krisen zu Gottes Methode, uns dazu zu bewegen, uns von Umständen, Gefühlen und unserer eigenen Kraft abzuwenden – und uns zu Gott zu wenden.
- Wachstum in Christus ist nicht in moralischer Willenskraft verwurzelt. Es ist nur möglich, wenn wir durch Glauben und durch die Macht des Heiligen Geistes hineinversetzt werden in den Boden der Gnade.

Gebet: Unser Vater im Himmel, bitte zeige mir den Unterschied zwischen wahrem Glauben und einem fordernden auf mich selbst vertrauenden Glauben, so dass ich mein Vertrauen auf Christus allein setzen kann. Ich werde so leicht durch das Verlangen geblendet, vor mir selbst und vor anderen gut erscheinen zu wollen. Möge das Evangelium des Kreuzes und der Auferstehung Christi eine kontinuierliche Kraft in meinem Leben sein. Amen.

Teil III

DER LEBENSSTIL EINES WAHREN SOHNES UND EINER WAHREN TOCHTER

«Ertrage einer den andern und vergebt euch untereinander,
wenn jemand Klage hat gegen den andern;
wie der Herr euch vergeben hat, so vergebt auch ihr.
Über alles aber zieht an die Liebe.»
(Kol. 3,13–14; Luther-Übersetzung)

Kapitel 7

Anderen vergeben: Der Schlüssel zum Frieden

Indem er uns vergibt, verändert Gott unsere Vergangenheit. Indem er uns Verheissungen gibt, sichert er unsere Zukunft. Durch seine Gnade nehmen wir Teil an seiner Macht, die Vergangenheit zu verändern und die Zukunft zu sichern. Wir selbst können vergeben und müssen vergeben. Wir können auch ein Versprechen abgeben und es halten. Dadurch, dass wir diese zwei göttlichen Kräfte besitzen, werden wir äusserst kraftvoll menschlich und wunderbar frei.

– Lewis B. Smedes, «Forgiveness: The Power to Change the Past» erschienen in Christianity Today

Bald nach unserer Rückkehr nach Jenkintown im März 1976 wurde Jack widerwillig in eine Kontroverse am Seminar über Gerechtigkeit und gute Werke hineingezogen. Die Diskussionen laugten ihn aus, aber sie trieben ihn an, die Schrift zu studieren. Er fand besondere Hilfe beim Studium von Galater 4,4–7. Seine Gedanken blieben an Vers 7 hängen: «Du bist nicht länger ein Sklave, sondern ein Sohn.» Er gab der Sprache eine moderne Entsprechung, indem er «ein Sklave» durch «eine Waise» ersetzte. Jacks Einsicht war für mich alles andere als klar, aber ich hörte die Worte «nicht länger» und verspürte, dass sie bedeuteten, dass Gerechtigkeit durch Glauben eine total neue Lebenssituation schafft.

Neue Freiheit durch Vergebung

Während dieser Zeit traf sich Jack mit Barbara und bat sie, ihm sein Versagen und seine Sünden als Vater zu vergeben. Er wiederum vergab ihr im Gegenzug das, was sie ihm angetan hatte. Ich war nicht bei ihrem Treffen dabei, und doch konnte ich feststellen, dass es eine erfolgreiche Begegnung war. Jack kam erschöpft nach Hause, aber doch unwahrscheinlich entspannt und im Frieden. Diese gegenseitige Vergebung brach eine Barriere nieder, die zwischen ihnen bestand. Ich war beeindruckt. Ich konnte sehen, dass Vergebung zu empfangen und anderen zu vergeben, neues Leben eröffnete und Kommunikation ermöglichte, wo zuvor tiefe Entfremdung geherrscht hatte.

Das ermutigte mich, meine eigenen ersten vorsichtigen Schritte zu tun und die neugefundene Vergebung und Freiheit auszuleben. Die Erkenntnis, dass Gott mich liebte und mir alles vergeben hatte, wobei er mich vollkommen kennt, sickerte langsam durch meine Seele. Währenddessen begann ich, auf mein Leben und meine Beziehungen zu schauen, ohne sofort Verdammung fürchten zu müssen für das Versagen und die Sünden, die sie in mir offenbaren könnten.

Gottes Ansatz war wunderbar einfach: Brich aus deiner defensiven Isolation aus, indem du das Objekt deines Vertrauens änderst. Genau das tat ich jetzt.

Ich bewegte mich ganz absichtlich von dem Vertrauen auf mich selbst und meinen selbstzentrierten Bemühungen weg. Ich sagte: «Ich kann meine Neigung, meinen Schmerz zu unterdrücken und mich von anderen zu isolieren, nicht verändern, aber Christus kann mir helfen. Ich will jetzt von ihm abhängig sein, so dass er mich führen kann.»

In gewissem Sinne ist der Gläubige immer eine hilflose Kreatur. Der Unterschied ist der, dass du jetzt beten und um Gnade bitten kannst, um das Unmögliche zu tun. Du bist nicht länger der religiöse Pharisäer, der mit dem Erfolg-Versagen-Konflikt am Kämpfen ist. Du weisst jetzt, dass der Kampf, der auf menschlicher Willenskraft basiert, schon verloren ist. Du weisst auch, dass du als ein Kind des Vaters den Kampf kämpfst, der bereits durch Jesus Christus für dich gewonnen wurde. Der Kampf für einen guten Ruf ist beendet, aber der Kampf gegen die sündige Natur und den Teufel hat gerade begonnen (Röm. 10,4; Gal. 5,6.13–26; Kol. 3,1–11).

Dieses Lebenskonzept scheint für viele Christen unausführbar zu sein. Manchmal ist die Verletzung so tief, dass es unmöglich erscheint, der anderen Person vergeben zu können. Das ist besonders dann so, wenn die Person, der man vergeben soll, selbst nicht bussfertig ist. Unter diesen Umständen zu vergeben, scheint keinen Sinn zu machen – und es ist sicherlich nicht «fair». Wie kannst du vergeben, wenn alles in dir aufschreit, dass dir Unrecht getan wurde? Nun, mach Jesus nicht so klein! Schau einmal, wozu er dich befähigt hat.

Eine Veränderung des Verhaltensmusters

Ein Überraschungsbesuch meiner Tochter Barbara brachte einen neuen Konflikt für mich. Ich war im Wäschezimmer im zweiten Stock, um Wäsche zusammenzulegen, als es an der Tür klingelte. Ich ging runter und sah Barbara vor unserer Haustür stehen. Ich brauchte einen Moment, um diese Situation in mir aufzunehmen. Sie war immer schlank, doch jetzt sah sie dünn und krank aus. Ihr Gesicht war gezeichnet und kreidebleich. Tiefe, blaue Ränder waren unter ihren Augen.

Ich hiess sie willkommen, als sie murmelte: «Mama, ich bin krank.» Sie bat mich, dass ich sie zu unserem Arzt fahren möge. Die Diagnose, die bei ihr gestellt wurde, hiess Mononukleose. Von der Arztpraxis brachte ich sie zum Haus eines Freundes von ihr.

Ich war froh, dass sie zu uns gekommen war, als sie sich nicht gut fühlte. Aber einige Tage später sank mein Herz zusammen, als ich hörte, dass Barbara für einen ausgedehnten Urlaub mit ihrem neuen Freund John nach St. Thomas Island geflogen war.

John war ein einflussreicher Drogendealer, das Gegenteil von allem, wofür unsere Familie stand. Wieder einmal war ich zutiefst enttäuscht. Als sie von St. Thomas zurückkam, trug sie schwere Goldringe und Armbänder, die John ihr gekauft hatte. Bald schon trug sie einen teuren Pelzmantel.

Bis zu diesem Zeitpunkt wurde ich immer zornig, wenn etwas Schwieriges wie dies passierte, zog mich zurück und fühlte mich schuldig. Ich unterdrückte dann meine Schuld und meinen Ärger und fiel in eine Depression. In meiner in mich gekehrten Traurigkeit wurde ich passiv und sah mich selbst als das Opfer, den gerechten Pharisäer in einer Welt der Sünder, dem man Unrecht getan hatte. Es war der alte Kampf, Flucht (Rückzug in Zorn) und Unterdrückung (Schuld und Traurigkeit), den ich zu einer Kunstform verfeinert hatte. Bei diesem Zusammentreffen mit Barbara fühlte ich, wie ich wieder in dieses Muster hineinschlitterte. Ich glaube, dass Satan mich in dieser Richtung ermutigte. Er sagte: *Rose Marie, das hat doch keinen Sinn. Gib einfach auf!*

Doch diesmal hatte er das Spiel übertrieben. Die Krise war so arg, dass selbst ich erkannte, dass ich auf neue Art und Weise kämpfen musste. Wer weiss genau, wie der Geist Gottes in einem ohnmächtigen Leben arbeitet? Manchmal macht er uns hungrig, durstig und unzufrieden mit unseren Reaktionen, auf Mustern basierenden Denkweisen und einem Leben in Angst. Wir beginnen einen Eindruck von der Schrift zu bekommen – wie unklar auch immer –, von dem Leben, wie Gott es gelebt haben möchte. Dann fängt das innere Ohr an zu hören, während Jesus uns von wunderbaren Dingen erzählt, die wir von uns selbst aus nicht verstehen würden.

Was für eine wunderbare Sache hatte Gott mir zu jener Zeit zu zeigen? Ich entdeckte in mir den Wunsch, Barbara zu vergeben. Gnade überraschte mich jetzt durch ihre ruhige, befreiende Schönheit. Hier geschah nun das erste Mal, dass das Reaktionsmuster, welches so charakteristisch für mein Leben war, ersetzt wurde durch ein anderes Muster. Anstelle von Kampf und anschliessender Flucht wurde ich durch eine tief gehende Vergebung überwunden. Genau das ist Gnade.

Wie die Mutter, so die Tochter

Gnade war kein sentimentales Verleugnen von Fakten meines eigenen oder Barbaras Leben. Anstatt in ein Verleugnen zu fliehen, warf ich nun einen langen, harten Blick auf Barbara. Zum ersten Mal sah ich, dass sie und ich vielleicht mehr gemeinsam hatten, als ich jemals vermutete. Zum Beispiel schien sie total blind zu sein für ihre Gewohnheit, mich und andere zu verletzen, genau wie ich einst blind für meine eigenen Sünden war.

Ich sah auch, dass sie die Rolle als Opfer mochte, in der sie von «autoritären Personen» geplagt wurde. Auch hierin hatten wir viel gemeinsam. Hatte sie von mir gelernt, sich selbst in die Rolle des passiv Leidenden zu werfen, als denjenigen, der immer Recht hat und nur von «anderen» beschuldigt wird?

Mir ging ein Licht auf. Ich hatte niemals von Barbara gehört, dass sie ihre Schuld bekannt hatte. Hatte sie dieses Muster des Handelns und Reagierens an mir gesehen?

An diesem Abend sagte ich beim Essen zu Jack: «Weisst du, ich glaube nicht, dass Barbara weiss, wie viel Schmerzen ihr Verhalten uns verursacht hat. Sie ist wirklich verhärtet durch den ‹Betrug der Sünde›. Sie sieht uns nur als Personen an, die ihr schaden. Und doch kommt sie immer wieder zurück, wenn sie krank ist.»

Während ich redete, begann sich meine Sicht von Barbara zu verändern. Erst in den vergangenen Monaten hatte ich verstanden, dass mein egoistischer Stolz und meine Selbstgerechtigkeit Sünde gegen Gott waren. Vielleicht war das auch die Wurzel von Barbaras Problemen.

In meinem eigenen Leben war ich geistlich entgleist durch diesen Moralismus, und ich hatte ihn auch an unsere Kinder weitergegeben. Mit «Moralismus» meine ich natürlich nicht

«Moral» oder «sittliches Verhalten», was in Ordnung ist, sondern den Standpunkt von Selbstgerechtigkeit, der von denen angenommen wird, die sich äusserlich den menschlichen Werten und Gottes Gesetzen anpassen. Äussere Anpassung hatte anscheinend bei Barbara nicht funktioniert. Es hatte auch bei mir nicht funktioniert, doch erst jetzt war ich ehrlich genug, das zuzugeben. Ich spürte, dass die Art und Weise, wie ich mich anderen gegenüber abschottete – ja sogar meinem eigenen Gewissen gegenüber – ein Reflex der Rebellion war, ausgedrückt in intensiver Selbstgerechtigkeit.

Später ging ich ins Obergeschoss zu meiner Mutter, um einen Konflikt zwischen ihr und meiner Schwester, die auch Barbara heisst, zu klären. Ich sah ihre Weigerung, die Fehler zuzugeben, von Angesicht zu Angesicht. Meine Mutter sagte: «Ich führe keine Selbstgespräche!» Barbara schluchzte und war sehr ärgerlich, aber lehnte es doch ab. Schliesslich konnte ich beide zur Ruhe bringen und einigermassen versöhnlich stimmen. Ich war entsetzt über ihr gemeinsames Schuldzuweisen und das Leugnen ihrer Vergehen. Hier war sie wieder – die gleiche blindmachende Macht war am Werk, in meiner Mutter, meiner Schwester, meiner Tochter und in mir – das endlose Wiederholen der gleichen törichten Muster des Verhaltens und im weiteren Verlauf die Schuldzuweisung an andere (1. Mose 3,1–13).

Solch eine selbstgerechte Einstellung ist nur möglich, wenn du das innere Drängen des Geistes ablehnst – wo die wahre Person lebt und begehrt. Ich rede über «die gefallene menschliche Natur, die in jedem Lebensbereich von der entstellenden Gegenwart der Sünde berührt wird. [...] Getrennt von Gnade sind unsere besten Bemühungen immer noch auf Unglaube aufgebaut und selbst unsere Tugenden sind als Schilde gegen die Herrschaft Gottes organisiert.»[1]

1 Richard Loovelace: *Dynamics of Spiritual Life* (Downers Gove, III: Inter-Varsity Press, 1979), S. 86

Wie kann ich gegen solch einen Feind kämpfen?

Jack sagt oft in seiner paradoxen Weise: «Es liegt eine grosse Macht im negativen Denken der richtigen Art.» Er meint damit, dass in denen Hoffnung geboren wird, die die Tiefe ihrer Not zugeben. Das begann ich jetzt zu sehen. Je mehr ich die Tiefen der Selbstgerechtigkeit in mir selber sah, desto mehr fühlte ich die grösseren Tiefen der Liebe Gottes zu mir.

Einige Abende später sagte ich zu Jack: «Ich möchte Barbara vergeben.»

«Ich dachte, das hättest du bereits getan», erwiderte er.

Ich erklärte ihm: «Ich meine auf eine andere Weise ... auf die Weise, wie Gott mir vergeben hat. Weisst du, total und bedingungslos. Erinnerst du dich, was James (ein Freund von uns und ein Bibellehrer) über Vergebung sagte: ‹Vergibst du mit deinem Herzen, deinem Gedächtnis, deinem Körper?› Vergebung für andere muss eine vollkommene Sache sein. Lass uns das jetzt zusammen für Barbara tun.»

Wir hatten eine Zeit des Gebets, nach der Jack sagte: «Ich denke, ein tieferes Verständnis des Bösen in jedem von uns macht uns mitleidsvoller. Wir sehen, dass wir alle in dem gleichen sinkenden Boot sitzen.»

«Jack», sagte ich, «ich glaube, dass ich bei meinen Annäherungsversuchen an Barbara blind gewesen bin. Ich war lahmgelegt durch das Ausbleiben von Veränderung bei ihr trotz all unserer Gebete. Je mehr wir beten, umso entschiedener geht sie ihren eigenen Weg. Ich war mir meiner Gefühle der Enttäuschungen und des Verletztseins bewusst, aber ich frage mich, ob ich sie nicht unbewusst verurteile und sie das spürt. Vielleicht ist in meinen Gebeten für sie etwas Negatives versteckt – weisst du, ein verzweifelndes Gefühl, dass sie sich nie verändern wird.»

Es war eine wichtige zu bedenkende Sache. Hatten wir in unseren Gebeten für Barbara den Schlüssel der Gnade ignoriert, der die schwerste Tür aufschliessen und das Licht der Liebe Gottes einlassen kann? In jener Nacht taten wir Busse dafür, dass Barbaras Rebellion unser Denken über ihre Zukunft bestimmt hatte. *Ihr Negatives beeinflusste uns, ohne zuversichtliche Hoffnung für sie zu beten.* Das war verkehrt. Von diesem Tag an begannen wir, mit neuer Zuversicht für sie zu beten. Wir vertrauten darauf, dass Christus ihr durch unsere Gebete nachgehen würde. Durch den Glauben hatten wir eine neue Freiheit zu erwarten, dass Gott in ihrem Leben arbeiten würde. Gott befreite uns von der geistlichen Blindheit, die uns gequält hatte durch ihre Rebellion und unsere Furcht, dass sie sich nie verändern würde.

Schlüssel zur Vergebung

Es ist eine befreiende Sache zu sehen, dass Gnade mächtiger ist als all unsere verdrehten Ansichten.

Das Gebet wurde mein stärkstes Mittel, denn jetzt betete ich mit der Zuversicht einer Tochter, die mit wahrer Gnade vertraut war. Es ist eine befreiende Sache zu sehen, dass Gnade mächtiger ist als all unsere verdrehten Ansichten und unsere übernommenen Verhaltensmuster der verzerrten Motivationen. Ich konnte jetzt für Barbara mit Hoffnung und einem vergebenden Herzen beten. Und vergebende Herzen sind Herzen, die mit Glauben beten!

Ich will einige grundlegende Entdeckungen zusammenfassen, die unsere menschlichen Beziehungen verändern werden:

- Du kannst anderen nicht von Herzen vergeben, ohne vorher zu einer demütigenden Erkenntnis deiner eigenen Verderbtheit und deiner übernommenen Verhaltensmuster des Handelns und Reagierens gekommen zu sein.
- Gottes Gnade ist eine Macht, die im Inneren des Lebens am Wirken ist. Wenn dir vollkommen vergeben ist, möchtest auch du anderen auf die gleiche Art und Weise vergeben.

Vergebung ist ein Prozess, der nicht automatisch und leicht ist, sondern der möglich ist durch das Wirken des Heiligen Geistes in uns.

- Du hältst den Prozess, anderen zu vergeben, dadurch aufrecht, dass du deine eigene Vergebung in Christus betrachtest.
- Der Kampf, das Negative abzulehnen, ist langwierig, während du für die betest, die dich tief verletzt und enttäuscht haben.
- Du vergibst anderen vom Standpunkt der Hoffnung aus, indem du erwartest, dass der Geist der Gnade zu seiner Zeit durch deine Gebete Veränderung in ihnen bewirken wird.

Mit diesen Prinzipien im Sinn begannen Jack und ich, Barbara mit neuer Freiheit zu begegnen. Nicht lange danach klingelte es wieder an der Haustür. Jack öffnete und da stand Barbara in ihrem teuren Pelzmantel, sie sah wieder blass aus und fühlte sich krank. Jack nahm sie in seine Arme und drückte sie herzlich. «Papa», sagte sie, «bete für mich. Ich fühle mich nicht gut.» Doch dieses Mal antwortete Jack: «Barb, ich bete für deine Heilung unter einer Bedingung: Dass du mich zu Gott beten lässt, dass er dich heilig macht – rein in deinem Inneren.» Sie stand dort, dachte lange und ruhig nach und bewegte die Worte in ihrem Kopf. Schliesslich sagte sie: «Du kannst das für mich beten.»

Jack betete dann, dass Gott sie durch die Reichtümer seiner Gnade heilig und gesund machen würde. Von da an kam Barbara öfter nach Hause und benutzte den Hintereingang wie der Rest der Familie. Ihre Gesundheit machte schon bald beachtliche Fortschritte. Auch das brachte mir Heilung und Hoffnung.

Gnadenschimmer

Das normale christliche Leben ist ein Leben aus Gnade, das sich in Vergebung ausdrückt.

- Auch wenn es in unserem Handeln nicht normal ist, dürfen wir nie einen Lebensstil ohne Vergebung als normal akzeptieren.
- Der Vater wünscht sich, dass wir die Schönheit eines Lebens der Vergebung sehen – indem uns vom Vater vergeben wurde und wir fortfahren, anderen zu vergeben.

Gebet: Himmlischer Vater, schenke mir deine Gnade, denen zu vergeben, die an mir falsch gehandelt haben. Vergib mir meinen fehlenden Glauben, dass sie sich verändern werden. Ich bringe dir meine selbstgerechten Einstellungen. Befähige mich ganz neu, deine vollkommene Vergebung zu schmecken. Amen.

Kapitel 8

Umgang mit übernommenen Sünden: Vergebung in der Familie

Mit dem Schlechten fertig zu werden, das aus der eigenen Herkunft resultiert, ist vielleicht die schwierigste und schmerzlichste psychologische Aufgabe, der ein Mensch begegnen kann. Die meisten versagen und werden seine Opfer. Die, die es erfolgreich schaffen, dort eine – notwendigerweise quälende – Einsicht zu bekommen, sind die, die in der Lage sind, das Schlechte zu benennen. Denn damit «fertig zu werden» bedeutet, es «benennen zu können». Als Therapeuten ist es unsere Pflicht, alles in unserer Macht Stehende zu tun, den Opfern zu helfen, den Namen ihres Übels zu finden. – *Mr. Scott Peck, People of the Lie, The Hope for Healing Human Evil*

Verantwortung, Anstand, Respekt gegenüber Autorität und Hingabe an die Familie – dies sind alles Qualitäten, die ein wunderbares Erbe ausmachen. Diese wertvollen Elemente waren Teil meines Familienhintergrundes, und zu einem Teil gingen sie wieder in mein Leben über. Ich bin meinen Eltern für diese Eigenschaften in meiner Familientradition immer dankbar gewesen. Zugleich war ich zunehmend besorgt über meine Familiengeschichte. War das eine negative Ruhelosigkeit? Nein, es war wie ein neugeborener Glaube, der sich in mir bewegte. Der Glaube hat eine Seite der Zufriedenheit, aber manchmal hat er auch eine heilige Unruhe. Er ruft das Selbst dazu auf, die alte Kleidung, die nicht mehr passt, zurückzulassen.

Familienerbe – Das Gute und das Schlechte

Ich wurde in einer religiösen Anschauung erzogen, die moralische Willenskraft mit Glauben verwechselte und äussere Anpassung an die Stelle innerer Gerechtigkeit setzte. Unwissend über die heilende Kraft der Gnade, hielten die Glieder unserer Familie beharrlich am Leben mit ihrer moralischen Kraft fest, bis die Beziehungen unerträglich wurden. Das typische Muster war das des Kampfes mit anschliessender Flucht in die Isolation. Das war der «Mauerbau», den ich so instinktiv mein ganzes Leben praktizierte.

Nach dem Schweizaufenthalt war ich ernüchtert von dem Gedanken, dass die Sünden der Väter manchmal weitergegeben werden bis in die dritten und vierten Generationen. Ich hatte eine gesunde Furcht vor der Art des Einflusses entwickelt, den ich auf meine eigenen Kinder haben würde. Welche oberflächlichen und destruktiven Einstellungen hatte ich ihnen weitergegeben? Ich dachte besonders an den täuschenden Effekt meiner Selbstgerechtigkeit.

Licht schien in meine Seele, nachdem ich Catherine Marshalls Buch *Something More* gelesen hatte.[1] Eines Abends, Mitte November 1976, als das Wetter schon kälter wurde, machte Jack den Kamin im Wohnzimmer an. Gewärmt durch die brennenden Holzscheite nahm ich Marshalls Buch aus dem Regal. Ich wandte mich dem Kapitel «Das Gesetz der Generationen» zu.

«Jack, hör dir einmal Folgendes an.» Ich las: «Es liegt in der Natur der Sünde zu trennen und Mauern zu bauen, die dahin führen, dass es zu schädigenden Beziehungen und Entfremdung kommt.»

---

1 Catherine Marshall: *Something More* (McGraw-Hill) New York, 1976

Ich dachte an die Mauern, die ich während der Jahre in der Beziehung zu meiner Mutter gebaut hatte. Oberflächlich betrachtet könnte man denken, es wäre gar nicht so. Ihre mentale Welt war so irrational und so total entfernt von der Realität, dass ich für eine lange Zeit keine Verbindung zwischen ihrem und meinem Leben sehen konnte. War es nicht richtig, dass ich die Art der Beziehung abgelehnt hatte, die man heute Co-Abhängigkeit nennt?

Ich habe keine Zweifel daran, dass meine Ablehnung, in die psychotische Welt meiner Mutter einzutreten, richtig war. Aber das menschliche Leben ist nicht immer einfach. Die Menschen übernehmen oft Eigenschaften ihrer Eltern, die sie gar nicht erkennen – trotz ihrer entschiedenen Bemühungen, nicht so wie sie zu werden.

Schon als Kind wollte ich nicht mit meiner Mutter zusammenarbeiten oder sie in ihren Ängsten und Verblendungen unterstützen. Nachdem ich es abgelehnt hatte, in ihre Paranoia hineingezogen zu werden, entwickelte ich abwehrende Strategien, die ihren ironischerweise auf manche Art ähnelten. Sie hatte Barrieren aufgebaut, um andere auf Distanz zu halten, und ich baute meine, um sie auf Abstand zu mir zu halten. Ich wollte nicht von ihr und ihren Problemen kontrolliert werden.

Ich hatte von meiner Mutter gelernt, mich zu schützen, indem ich Mauern baute. Wenn sie ununterbrochen die Kontrolle über sich verloren hatte, wurde ich zutiefst zornig, unterdrückte es aber. Auf die gleiche Weise fühlte ich, wie mein Leben mir ausser Kontrolle geriet, als Jack Pastor wurde. Meine Strategie, damit umzugehen war, ärgerlich und bitter zu werden und Mauern in meiner Beziehung zu ihm zu bauen. In meinem Ärger dachte ich wie meine Mutter: *Mein Mann hat mich betrogen. Dieser Betrug schmerzt mich zutiefst und ich werde ihm keine Möglichkeit geben, es noch einmal zu tun. Ich werde mich von ihm zurückziehen, um mich selbst zu schützen.*

Ich hatte eine Wahl getroffen und behauptete meine Unabhängigkeit Jack gegenüber – aber die Kosten dafür waren für mich und ihn sehr hoch. Ich hatte den einfachen Weg gewählt. Ich wusste nicht, wie ich aus der Entfremdung zu ihm herauskommen konnte. Der Wille, mich zu verteidigen, rettete mich von meiner Mutter, aber der gleiche Wille zur Unabhängigkeit drohte später meine Ehe ins Wanken zu bringen.

Heute betonen wir, wie wichtig es ist, Co-Abhängigkeit – also eine wechselseitige Abhängigkeit – abzulehnen. Aber wir übersehen oft die Tatsache, dass *das Ablehnen einer falschen Beziehung nicht notwendigerweise bedeutet, dass du die richtige Beziehung gefunden hast*. Du solltest immer noch wissen, wie du die Person lieben kannst, die eine Bedrohung für dich ist.

Fertig werden mit Familienschwachheiten

Einige dieser Gedanken kamen mir an dem Abend, als ich Marshalls Buch las. Ich sagte zu Jack, mit einem meiner berühmten Seufzer: «Ich habe diese Mauern an meine Kinder weitergegeben.» Ich dachte über meinen Mangel an ehrlicher Kommunikation mit ihm nach, über meine äussere Schale des moralischen Verhaltens und über meinen unabhängigen, abwehrenden Stil, Konflikte zu lösen. Jack sah mitfühlend aus und sagte wenig.

Ich sah die Vergangenheit meiner Familie deutlich vor Augen, und ich stöhnte. Wie wenige wichtige Unterhaltungen fanden in meinem Elternhaus statt, als ich aufwuchs! Nicht einmal der Selbstmordversuch meiner Mutter wurde besprochen. Mutter zeigte sehr wenig Zuneigung zu mir. Selten nur entfaltete sich irgendein Zeichen der Liebe unter uns, ausser einem Gute-Nacht-Kuss, der meine Pflicht war. Ordnung war der elementare Wert!

Ich wusste, dass Gott jetzt einen Glaubensschritt gegen die übernommene Gesetzlichkeit und die unversöhnliche Haltung, die damit einherging, von mir verlangte. Ich sagte zu Jack: «Ich glaube, dass die Sünden der Väter und Mütter an ihre

Kinder weitergegeben werden – zusammen mit den guten Eigenschaften. Ich möchte jede Sünde von den Vorfahren meiner Familie stoppen, dass sie nicht an meine Kinder und deren Kinder weitergegeben werden – und stattdessen die guten Eigenschaften weitergeben. Ich möchte dankbar sein für das Gute, was meine Eltern taten, und das Böse vergeben.»

Jack machte das Feuer an und sprach dann endlich: «Ich habe meine eigenen Sünden, die ich an unsere Kinder weitergegeben habe – Sünden von meinem Familienerbe wie z. B. Eigenwille und Dominanz. Es ist keine einfache Angelegenheit.»

Doch an diesem Abend führte mich Gottes Geist dazu, etwas zu tun, was nicht natürlich und einfach für mich war. Ich hatte ein starkes inneres Verlangen danach, dass die Vergebung doch in meiner ganzen Familie den Sieg davontragen und Vergebung auch die kommenden Generationen bestimmen würde. Es war, als ob der Vater sagen würde: «Rose Marie, vergebe, wie ich dir auch vergeben habe. Akzeptiere, wie ich dich akzeptiert habe.»

Ich ging in die Küche, um uns einen Tee aufzusetzen. Während ich wartete, bis das Wasser kochte, rief ich Jack: «Kannst du bitte die Platte vom *Messias* auflegen?»

Ich kam ins Wohnzimmer zurück mit einem Tablett, auf dem ich Tee und frisch gebackene Kekse hatte. «Tröstet, tröstet mein Volk», kam es von der Stereoanlage. Ich goss Jack ein wenig Tee ein, tat ein paar Kekse auf seinen Teller und fuhr fort, über meine Vergangenheit nachzudenken.

«Ich weiss, dass das negative Verhalten meiner Mutter mich zutiefst berührte. Es ist im Unterbewusstsein, aber es ist da. Als der Zusammenbruch an der Börse ihr Geld vernichtete, war sie total in Bitterkeit gefangen. Ich hatte nie jemanden gesehen, der mehr von innerer Feindseligkeit kontrolliert war als sie. Sie hasste meinen Vater. Es nagte an ihrem Inneren, bis sie ihren Verstand verlor. Vater schien nicht zu erkennen, wie sehr ihre negative Haltung die ganze Familie beeinflusste.

Oder vielleicht wollte er der Schmach auch nicht ins Auge sehen. Dies war der unbekannte, dunkle Schatten über unserem Leben. Ihre Lebensbotschaft an mich war, ärgerlich zu werden, sich zurückzuziehen, sich zu schützen, feindselig zu sein, dem eigenen Mann aus dem Weg zu gehen und sich selbst auf die Kinder zu konzentrieren als Fluchtreaktion. Ich möchte, dass jedes bittere Gefühl aus meinem Leben, aus dem der Kinder und Enkelkinder entfernt wird.»

Bis zu diesem Zeitpunkt war es mir zu peinlich, über diese Probleme in der Tiefe zu sprechen. Ich entdeckte, dass ich auch über meine Mutter verärgert war. Sie hatte all diese kranken Energien in meine Schwester hineingelegt und sie fast zerstört. Sie lehnte meinen Vater physisch und emotional ab, schlief in einem anderen Zimmer und liess ihn auch nicht in ihr Zimmer kommen. Meine arme, liebe Mutter! In ihrer schrecklichen Isolation war sie von ihrer Schuld bedrückt und wurde ständig durch mysteriöse Stimmen in ihrem Inneren schuldig gesprochen, die sie verdammten.

Notwendigkeit zur Vergebung

Jetzt musste ich ihr vergeben – nicht nur das, was sie meinem Vater und meiner Schwester antat, sondern auch den übertriebenen Schutz und die Kontrolle über mich, die sich durch einen Mangel an Liebe und echter Zuneigung bemerkbar machten. Ich musste ihr besonders ihren Selbstmordversuch vergeben, den sie unternommen hatte, als nur wir zwei alleine zu Hause waren.

«Ich hörte meine Mutter nie sagen, dass ihr etwas Leid tat oder dass sie etwas falsch gemacht hatte», sagte ich zu Jack. «*Ich* kann mich nicht erinnern, unseren Kindern oft gesagt zu haben: ‹Ich habe einen Fehler gemacht, es tut mir Leid!› Ich habe auch von Barbara niemals gehört, dass sie einfach gesagt hätte: ‹Ich habe einen Fehler gemacht.› Jack, ich muss meinen Eltern vergeben!»

Die Worte und die Musik vom *Messias* brachen in meine schmerzhafte Geschichte hinein. *«Rufe ihr zu, dass ihr Kampf vollendet ist und ihre Schuld bedeckt ist.»* Ich glaubte den Worten, und im Glauben war nicht nur Kraft, Vergebung zu erfahren, sondern auch Vergebung weiterzugeben. *Das ist in der Tat der tiefste Trost – von Gott angenommen zu sein, vollkommene Vergebung zu bekommen und dann durch Gnade die tiefsten Wunden und Verletzungen zu vergeben.*

Einige Tage später machte ich einen freimütigen Vorschlag. «Jack, lass uns zu unseren Kindern und ihren Partnern gehen und lass uns sie um Vergebung bitten. Ich möchte, dass wir alle eine tiefe Einheit bekommen. Ich möchte, dass unsere ganze Familie ohne Mauern ist.»

Ich las wiederum in Catherine Marshalls Buch: «Ich brachte all das dunkle Erbe der vergangenen Generationen, an das ich mich erinnerte, ans Licht. Ich hatte meinen Vorfahren zu vergeben und sie von meinem Urteil freizumachen.» Ich war besonders von dem beeindruckt, was ich als Nächstes las. Catherine Marshall bat ihren Sohn zu beten, dass Gott sie von all dem Bösen in ihrem Leben freimachen würde, das sie in der Vergangenheit mitbekommen und übernommen hatte. Der letzte Schritt der Autorin war schliesslich der, dass sie Gott wegen des erhörten Gebetes dankte und ihn lobte.

Keine einfache Angelegenheit

Ich kann mich nicht erinnern, unseren Kindern oft gesagt zu haben: «Ich habe einen Fehler gemacht, es tut mir Leid!»

Jacks Reaktion war: «Lass uns einmal innehalten und das durchdenken. Das ist eine grosse Aufgabe, auf diese Art und Weise im Glauben zu beten. Wie kann ich mit meinem dunklen Erbe von früheren Generationen, an das ich mich erinnere, umgehen? Ich benötige dazu eine Art des Selbstvergessens und der Offenheit, die nur das Evangelium geben kann.»

Er hatte Recht. Keine Methode, keine Seelsorgestrategie kann das dunkle Erbe von einem Menschen wegnehmen. Jack fuhr fort: «Erinnerst du dich an die Konflikte, die wir vor zwei Jahren hatten? Wir verurteilten einander und dann verurteilten wir uns selbst. Wir taten das so instinktiv, wie wir essen und trinken. Bei jedem Konflikt zwischen uns ist mein erster Gedanke immer noch der, dich zu kritisieren und mich zu verteidigen. Dann hinterher, beinahe unbewusst, mich zu quälen, dass ich so töricht war. Es ist schrecklich.»

Er sagte tief bewegt: «Es ist besonders hart für mich, zu meinen erwachsenen Kindern zu gehen und ihnen von meinen offenkundigen Sünden zu erzählen. ‹Gerade jetzt habe ich gegen dich gesündigt, ich bitte dich jetzt um deine Vergebung.› Aber das ist vermutlich noch eine relativ kleine Sache. Wenn ich es schmerzlich finde, mit dem offensichtlichen Dreck umzugehen, was werde ich dann mit all den Sünden tun, die meine Familie über Generationen unter den Teppich gekehrt hat? Ich denke über die tieferen Sünden nach, von denen ich weiss, dass sie in mir und meiner Familie sein müssen. Ich denke an egozentrische Arroganz, Überheblichkeitsgefühle anderen gegenüber, Eigensinn, Blindheit und Kälte des Herzens.»

Seine Offenheit und Tiefe der Gefühle überraschten mich nicht. Ich mochte es. «Es ist der ehrliche Mann in dir, der redet», sagte ich. «Wir beide brauchen dringend ‹etwas mehr›, wenn wir diese Art der Suche in unserem Leben durchführen wollen.»

Gnade wirkt vollmächtig im Leben, wenn wir vergeben, wie uns vergeben worden ist.

Ich wusste, dass das «etwas mehr», das wir brauchten, ein bewussteres Ruhen in dem Evangelium der Gnade war. Es entbehrte nicht einer gewissen Ironie. Ich war noch immer solch ein geistliches Kleinkind. Ich würde Probleme damit haben, dir klar und deutlich zu definieren, was Gerechtigkeit aus Glauben ist. Ich wusste wenig über das Einssein mit Christus und die Folgen dieser Beziehung für das Wachstum in der Gnade. Aber nach meiner Zeit in der Schweiz fing ich an, ein gewisses instinktives «Gefühl» dafür zu bekommen, wie Gnade wirkt und wie nicht. Gnade wirkt vollmächtig im Leben, wenn wir vergeben, wie uns vergeben worden ist. Mir wurde reichlich durch Gott vergeben durch den Glauben an Christi Tod, und jetzt konnte ich anderen reichlich vergeben.

Die Schwachheit der menschlichen Liebe

Zum ersten Mal sah ich, wie bedingt unsere menschliche Liebe und Vergebung waren. Wir lieben und wir vergeben, aber dann passieren neue Fehler, und wir gleiten in unser unversöhnliches, verurteilendes Verhalten zurück. Instinktiv denkt unsere verurteilende Gesinnung, *er (oder sie) sollte es besser wissen, ich verdiene es nicht, so behandelt zu werden.*

Unterdessen wurden an dem Seminar, an dem Jack lehrte, die theologischen Differenzen bezüglich der Natur der Gnade grösser. Als unwilliger Teilnehmer in dem Konflikt gefangen, sah Jack sich in jedem Gebiet des Lebens gedemütigt. Die langen komplexen Debatten am Seminar zwangen ihn, seine eigene Weisheit aufzugeben und mehr Gottes Weisheit zu suchen. Durch die schwierige Zeit mit mir und Barbara lernte er, dass die tiefste Weisheit zu denen kommt, die zugeben, dass sie sie nicht haben – dass «Gnade den Demütigen entgegenläuft». In all seiner Selbstentäusserung erfuhr er die Liebe Jesu umso stärker, die er uns am Kreuz weitergibt.

Getrieben und gezogen von Gnade waren wir nun bereit, unserer Familie Vergebung als ein Geschenk Gottes zu bringen. Jack fasste es zusammen: «Gott wird die Gebete für unsere Familie hören. Aber wir *müssen* sie auf den Glauben an Christus gründen. Denn das Einzige, was die Verdammung des ‹Gesetzes der Generationen› ausradieren kann, ist das Werk Christi. Er alleine ‹hat uns losgekauft von dem Fluch des Gesetzes, indem er ein Fluch für uns geworden ist› (Gal. 3,13).» Wir denken oft zu eng vom Evangelium und seinen kraftvollen Auswirkungen. Wenn wir zum Glauben kommen, sehen wir es als die einzige Basis der Errettung, doch dann lassen wir es hinter uns als eine glückliche Erinnerung mit wenig Bedeutung für die Gegenwart.

Was glauben wir *wirklich*? Gemäss des Evangeliums Christi glauben wir, dass wir alleine aus Glauben gerechtfertigt werden – aber wir glauben, dass es von da an so ziemlich an uns liegt, dass wir ein geheiligtes Leben führen. *Wir versagen darin zu erkennen, dass sowohl unsere Rechtfertigung durch Gott durch den Glauben geschieht, aber auch das Wachstum und die Heiligung aus Glauben kommen.* Der Glaube, der rettet, ist der Glaube, der heiligt, weil er alleine auf Christus und seinem Werk ruht.

Ich bat Gott um Gnade, um die Sünden meiner Mutter und meines Vater vergeben zu können. Ich bat auch um Vergebung für die Sünden, die ich von ihnen akzeptiert und denen ich erlaubt hatte, selbsttäuschende Strategien in meinem eigenen Leben zu werden. Von meinem Vater hatte ich gelernt, Konflikte und ehrliche Unterhaltung zu vermeiden. Von meiner Mutter hatte ich gelernt, dass die Kontrolle der Lebensumstände wichtig ist, dass der Rückzug eine Art des Lebens ist, dass wir Opfer sind und ein Recht auf Bitterkeit haben, wenn jemand falsch an uns gehandelt hat.

Ich brachte diese Dinge Gott und bat um Vergebung – auf der Basis von Christi Sühneopfer. Nach dem Gebet wusste ich, dass mir vergeben worden war. Natürlich half mir das, besser über mich und meine Familie zu denken. Aber von grösserer Bedeutung war die neue Art und Weise, wie ich jetzt handelte; nun dachte und bewegte ich mich im Kontext von Gottes Reich und seiner Liebe.

Während der nächsten sechs Wochen gingen wir zu vier von unseren fünf Kindern und baten sie, uns zu vergeben, wie Jack es schon vorher mit Barbara getan hatte. Einige dieser Besuche waren schmerzhaft. Als wir Jim und Roseann trafen, versammelten wir uns im Esszimmer. Ich weinte und Jack schaute ein wenig verlegen. Aber wir bekannten ihnen unsere Sünden und sie vergaben uns. Dann knieten sie am Rand des Tisches, und wir legten ihnen die Hände auf und segneten sie.

Als wir zu unseren Kindern gingen, begegneten sie uns mit Liebe und Freundlichkeit – und manchmal mit gezielten Kommentaren und Fragen. Paul fragte: «Papa, warum hast du immer mit Mama über den Weg und das Kartenlesen gestritten und bist dann ärgerlich auf sie geworden, wenn wir in den Familienurlaub fuhren? Du hast immer so getan, als würdest du dich bestens auskennen, und hast den Strassenkarten nie viel Bedeutung beigemessen. Du wolltest auch nie jemanden nach dem Weg fragen.»

Das von seinem einzigen Sohn zu hören, war hart für Jack, aber er gab es zu und sagte: «Paul, das war Dummheit und Sünde auf meiner Seite. Es war nur Stolz. Kannst du mir das alles vergeben?» Paul tat es von Herzen.

Wir erwähnten bei unseren Kindern auch die Sünden von unserem Familienerbe, die unsere eigene Beziehung geplagt hatten. Wir baten Gott, uns alle von Schuld zu befreien, besonders vom Geist des Stolzes und der Verurteilung. Ich fühlte mich rein vor Gott und hatte Frieden – zufrieden, dass ich bewusst etwas getan hatte, um Gott zu gefallen. Und doch war da kein Gefühl des Pflichterfüllens in einer mechanischen oder moralischen Weise. Ich wollte damit einfach nur Gott in unserer Familie und den zukünftigen Generationen ehren.

Interessanterweise war ein sofortiger Vorteil bei alledem der, dass ich bei besserer Gesundheit war. In Irland verbesserte sich meine Gesundheit, nachdem Jack für mich gebetet hatte. Nun hatte ich auch mehr Energie als vorher. Meine Probleme mit der Nasennebenhöhle schienen vergangen zu sein, und ich ging und lebte, als ob ich mindestens zehn Jahre jünger gewesen wäre. Ohne dass ich es wusste, nahm Barbara auch diese Veränderungen in mir wahr. Sie sagte mir später: «Ich habe mir selbst gesagt, dass Menschen sich nicht verändern, besonders ältere nicht. Doch ich konnte mit meinen eigenen Augen sehen, wie du und Papa sich verändern. Das hat auch mein Gewissen erreicht.»

Gnadenschimmer

Die Sünden der Vorfahren werden weitergegeben, wenn man sich nicht bewusst davon lossagt und um Vergebung bittet.

- Du magst denken, dass wenn du einmal einen Standpunkt gegen eine Co-abhängige Beziehung eingenommen hast, du zu «normalen» Beziehungen fähig bist. Doch das geschieht selten. Die schlechten Gewohnheiten deiner Vorfahren (oder die deiner eigenen Generation) setzen sich fort, vielleicht in einer verstellten und anderen Art. (In meinem Fall zeigte sich der entfremdende Geist meiner Mutter in meiner Beziehung mit meinem Ehemann, obwohl ich behauptete, von ihrer krankhaften Angst unabhängig zu sein.)
- Das eiserne Gesetz der Vergangenheit kann nur durch die Vergebung überwunden werden, die auf einer tieferen Erkenntnis der Liebe Gottes basiert, die durch die Botschaft des Kreuzes offenbart wird.

Gebet: Herr, gib mir ein vergebungsbereites Herz für meine Eltern. Lehre mich, wie ich sie segnen kann. Bitte zeige mir, wo ich ihr Verhalten fortsetze, selbst wenn ich nicht das tue, was sie tun. Danke für deine umfassende, vergebende Liebe für mich. Möge ich meine Eltern auf die gleiche Art und Weise lieben. Amen.

Kapitel 9

Schritte in eine Partnerschaft: Zuversichtlich als Gottes Kind

Wenn wir den Sinn und das Gefühl zum Richter unseres geistlichen Zustands machen, was ist es anderes, als dass es uns an ein und demselben Tag glücklich und elend macht, gerecht und ungerecht, errettet und verdammt. [...] Sei gross im Glauben und mache allein die Bibel zum Richter deines Zustands. [...] Wenn du beschliesst, den Sinn und das Gefühl zum Richter deines Zustandes zu machen, hast du dich entschlossen, in Ängsten zu leben und in Tränen daniederzuliegen.

– Thomas Brooks, The Golden Treasury of Puritan Quotations

«Jack, wie konntest du das nur tun?» Ich hielt einen Brief von einem Pastor aus Florida in der Hand. Ich winkte damit meinem Mann, als er vom Gartenhäuschen kam und in sein Studierzimmer ging. «Was tun?», fragte er ungläubig schauend. Er kam gerade für seine morgendliche Kaffeepause herein und vertiefte sich in das Schreiben. Er hatte die Einladung angenommen, in einer Gemeinde in Florida zu predigen. Er hatte dem Pastor erzählt (ohne mich vorher zu fragen): «Rose Marie wird sicher gerne mitkommen. Sie kann die Frauen unterrichten, während ich für die Männer predige und sie lehre.»

«Warum hast du diese Entscheidung getroffen, ohne vorher darüber mit mir zu reden?», rief ich aus. Der Pastor der Gemeinde in Florida hatte geschrieben: «Wir freuen uns auf euer Kommen und wir freuen uns, dass du deine Frau mitbringst, um die Frauen zu unterrichten.»

«Gott hat Grosses für dich getan», sagte mein Mann, als ich mich langsam beruhigte. «Sicherlich möchtest du das anderen mitteilen», fügte er zuversichtlich hinzu. «Du kannst über Gastfreundschaft lehren und wie Frauen einen göttlichen Einfluss haben können, dadurch dass sie ihre Häuser für die Bedürftigen öffnen. Du bist gut darin. Seitdem du angefangen hast, jüngere Kinder aufzunehmen, hat Gott dich sogar noch mehr gebraucht als zu der Zeit, als du junge Erwachsene aufgenommen hattest. Schau mal, du weisst, was funktioniert und was nicht. Rede nur darüber, was du weisst.»

Jack bezog sich darauf, dass wir seit Anfang 1977 Pflegekinder von verschiedenen Agenturen angenommen hatten. Dies hatten wir unter meiner Leitung und mit seiner Unterstützung getan. Trotzdem stöhnte ich: «Ich weiss nicht, wie ich darüber reden soll. Ich kann nicht über Gastfreundschaft reden, ich vermittle ihnen nur das Gefühl, dass sie schuldig sind. Ich weiss, wie schuldig ich mich fühle, wenn du mir sagst, etwas zu tun, das ich nicht tun will, oder wenn ich nicht weiss, wie es zu tun ist. Ich möchte Gastfreundschaft nicht zu einem neuen Gesetz machen.»

Das war ein wahrer Punkt, doch andere Lektionen waren im Anmarsch. Jack hatte sehr viel über mich zu lernen, aber ich auch!

Aus meiner kleinen Welt herauskommen

Das Gedankengut einer Waisen beherrschte noch immer mein Denken, besonders wenn es darum ging, aus meiner kleinen Welt herauszukommen. Ich sah auch nicht die Verbindung zwischen einem Herzen, das sich Gott unterordnet, und dem Wirken der Gnade. Zu diesem Zeitpunkt wollte ich nicht zu Frauen sprechen, die in einer fremden Gemeinde waren, die ich nicht kannte. Familie, alte Freunde, bedürftige Kinder und mein Haus – das war mein Diensthorizont. Dort fühlte ich mich sicher.

Doch Jack hatte Recht, dass es notwendig ist, das zu gebrauchen und weiterzugeben, was Gott einem anvertraut hat. Lektionen, die wir nicht umsetzen, scheinen ihre Kraft in unserem Leben zu verlieren. Das ist genau das, was mir passierte. Weil ich so beschäftigt gewesen war, hatte ich allmählich vergessen, was Gott in mir getan hatte, und ich hatte etwas von dem Vertrauen und der Freiheit verloren, die ich im vergangenen Jahr gewonnen hatte. Tatsächlich war mein geistliches Vertrauen jetzt so weit abgesunken, dass Furcht in das Vakuum eindringen konnte.

Mein Herz schrie: *Bitte Herr, lass mich zu Hause bleiben.* Ängste sprachen laut zu mir, und ich hörte zu. Daher hatte ich wenig Raum, die Frauen aus der Gemeinde in Florida zu lieben. Diese Ängste wurden von Schatten der Schuld begleitet, die immer dann zurückkehrten, wenn ich in meine Selbstzentriertheit zurückfiel. Das geängstigte Opfer in mir sprach laut und deutlich.

Verbunden mit meiner Furcht legte ich ein exzellentes, abwehrendes Verhalten an den Tag. So in etwa funktionierte es: Furcht hat eine blendende Macht. Ich hatte Angst, in der Öffentlichkeit zu sprechen, doch ich sagte mir selbst, dass Jack mich mal wieder beherrschte und dass er versuchte, mich dahin zu bringen, seinen Willen zu tun. Ich fragte nicht: *Ist das Gottes Wille für mich, in der Gemeinde zu sprechen?* Stattdessen zog ich mich wieder einmal zurück und überzeugte mich selbst, dass Jacks Entscheidung das Problem war.

Jack hatte Recht, dass es notwendig ist, das zu gebrauchen, was Gott einem anvertraut hat. Lektionen, die wir nicht umsetzen, scheinen ihre Kraft in unserem Leben zu verlieren.

Man unterschätze nicht die Macht der Angst, die ein Leben verwirren und blenden kann. *Angst ist verführerisch. Sie wird dich dahin führen, falsche Schlachten zu schlagen, die dich davon abhalten, den echten entgegenzusehen.* Meine Angst vor dem öffentlichen Dienst war so gross, dass niemand mich davon überzeugen konnte, dass es Unaufrichtigkeit in meinen Gedanken und Worten gab.

Jack versuchte mir meine Furcht zu nehmen, indem er vorschlug, dass Suzanne Kepler als Partnerin für mich mit nach Florida kommen könnte. Suzanne war eine begabte Evangelistin, die in unserer Gemeinde arbeitete. Ein bisschen getröstet durch den Gedanken, dass ich sie an meiner Seite haben würde, entspannte ich mich ein wenig.

Wahrscheinlich hätte Jack besser meine Angst herausfordern sollen, doch an diesem Punkt bin ich nicht sicher, ob es geholfen hätte. Nach und nach nahm die Gewohnheit der vielen Jahre, das zu tun, was Jack wollte, wieder überhand. Anfang April 1977 entschied ich, mit ihm zu fahren.

Ich hörte auf Jack mit falschen Beweggründen, doch er hatte ein Recht, meine ängstlichen Einstellungen zu hinterfragen. Gott hatte mich auf mächtige Art und Weise in der Schweiz über seine Gerechtigkeit belehrt und kürzlich auch über Vergebung. Warum war es denn so schwierig, diese Wahrheiten weiterzugeben?

Was weder Jack noch ich sahen, war die Art und Weise, wie ich noch immer als Waisenkind dachte, besonders unter Druck. Selbstvertrauen und Unabhängigkeit waren noch immer starke Überzeugungen in meinem Leben. Mein wahres Problem aber war, dass ich nicht im Licht von Gottes Liebe lebte und mich auch nicht von Gottes Liebe leiten liess, als ich die Frauen unterrichtete. Ich wusste nicht, dass ich jeden Tag damit beginnen konnte, die Gerechtigkeit Christi als den einzigen Grund der Annahme in Anspruch zu nehmen und so «in der Qualität des Vertrauens zu entspannen, was mehr und mehr Heiligung hervorbringen wird, wenn der Glaube in Liebe und Dankbarkeit aktiv ist.»[1]

Sicherlich verstand ich etwas von der Bedeutung der freien Rechtfertigung und Adoption durch Glauben, aber ich hatte so viele Ängste und Unsicherheiten, dass meine Fähigkeit, Christi

---

1 Richard F. Lovelace: *Dynamics of Spiritual Life.* (Intervarsity Press) Downers Grove, Ill., 1979, S. 101

Gnade und Macht in täglichen Angelegenheiten anzunehmen, begrenzt war. Ich war immer noch nicht in der Lage, meinen Stand als Tochter Christi beständig als Kraftquelle des Lebens in der Partnerschaft mit Gott und meinem Ehemann zu gebrauchen. Zumindest nicht in Situationen, in denen ich mich für öffentliche Fehler schämen musste.

So entschied ich mich, mit ihm zu gehen – wider besseren Wissens. Unsere Tochter Keren fuhr Jack, Suzanne und mich für den Zwei-Stunden-Flug von Philadelphia ins südliche Florida zum Flughafen.

Jeder in der Gemeinde war herzlich und hiess uns willkommen. Doch ich fühlte mich einsam und verbrachte den ersten Tag damit, mich mit Suzanne und Jack zu vergleichen. Ich fühlte mich zerdrückt und überwältigt von Suzannes Gabe der Evangelisation und Jacks enthusiastischen Predigten und meiner eigenen Furcht.

Ich war glücklich, dass die Gemeinde uns grosszügigerweise in einem Motel mit Swimmingpool unterbrachte. Schon bald war ich im Wasser und drehte die ersten Runden. «Schwimmen», sagte ich mir, «macht mir Freude.» Hier fühlte ich mich zu Hause. Doch während ich am Pool in der warmen Nachmittagssonne sass, berührte Gottes Gnade unerwartet mein Herz. Unter einem klaren, blauen Himmel dachte ich über all meine Unzulänglichkeiten nach und sagte zu Gott: «Ich kann diesen Dienst nicht tun, aber wenn es das ist, was du von mir willst, dann tue ich es. Doch bitte zeige mir wie.» Die Hingabe war mit einem charakteristischen Seufzen verbunden. Wenn ich nicht weiss, wie ich meine inneren Gefühle ausdrücken kann, oder wenn ich einfach überwältigt bin, dann seufze ich. Meine Töchter nennen das das «Miller-Seufzen». Sie behaupten, dass sie es von mir gelernt haben.

Ich meine hiermit nicht, dass dieses Gebet mich zu sofortigem Erfolg führte. Doch es bewirkte etwas Besseres: Es half mir wahrzunehmen, dass Gott sowohl *durch* als auch *in* mir arbeiten konnte. Das klingt vielleicht nicht nach viel, aber doch ist das für eine Person, die überzeugt ist, dass sie nicht die geringste Hoffnung auf Veränderung hat, ein grosser Schritt nach vorne. Ich brauchte diese spärliche Hoffnung. Nach zwei Vormittagen, an denen ich die Frauen gelehrt hatte, gab ich einfach auf und bat Suzanne, die dritte Lektion zu unterrichten. Dann bat ich Jack, zu übernehmen, was er auch tat.

Ich hasste es zu versagen, doch ich tat es. Mein einziger Erfolg in der Woche war, dass ich von uns dreien die Einzige war, die gebräunt nach Hause kam. Doch etwas Merkwürdiges passierte. Diese Niederlage löschte die kleine Flamme der Hoffnung, die in mir brannte, nicht aus.

Auf unserem Flug nach Hause sass ich mit meinem Gesicht gegen das Fenster des Flugzeuges gepresst, Tränen flossen und zwischen Naseputzen und Seufzen fragte ich mich: *Warum habe ich nur immer so viele Schwierigkeiten, Gott zu vertrauen, wenn der Weg vor mir unbekannt ist?*

Jack hielt viel von Partnerschaft – ich auch. Wir waren zusammen Partner in der Erziehung unserer Kinder, Partner, indem wir Menschen bei uns zu Hause aufnahmen, und nun wollte er eine Partnerschaft des Lehrens in anderen Gemeinden. Die New-Life-Gemeinde wuchs stark, und als sie bekannter wurde, schrieben Pastoren und wollten Hilfe für ihre Gemeinden haben.

Auf der einen Seite liebte ich meine Vorstellung der Ordnung, die darauf bedacht war, zu Hause zu bleiben, wo alles so sicher für mich war, oder wenigstens so aussah. Auf der anderen Seite liebe ich es, Menschen einen Gefallen zu tun, besonders Jack. So war ich hier in die Zange genommen von zwei Wünschen: Jack einen Gefallen zu tun (was ein Risiko beinhaltete) und es mir selbst angenehm zu machen, was bedeutet hätte, zu Hause zu bleiben (wo es sicher war). Der zweite Wunsch war mächtiger. Ich fragte mich selbst: *Warum kann ich nicht zu Hause bleiben und meinen Dienst tun, wo ich mich wohl fühle?* Ich hätte dazufügen können: *und wo ich die Kontrolle habe.*

Nicht lange nach unserer Reise nach Florida sagte Jack zu

mir: «Rose Marie, du liebst es, wenn dein Leben wie ein Kanal ist, der direkt zum Meer führt. Du liebst es zu wissen, wo du anfangen sollst und wo das Ende ist. Aber das Leben ist nicht so. Wir sind auf dem Fluss mit all seinen schönen Aussichten, doch der Fluss verändert ständig seinen Kurs. Es gibt verborgene Baumstümpfe, schnelle Strömungen, unerwartete Windungen und Stürme und manchmal scheint das Boot fast zu kentern. Aber du solltest daran denken, dass du nicht allein im Boot bist.»

Er hatte Recht. Mein Problem war wie das der Jünger im Sturm beim See Galiläa (Luk. 8,22–25). Wie sie wusste auch ich, dass der Herr mit im Boot war. Doch ich fühlte mich, als ob er schlafen würde. War er mächtig genug, mich vom Sturm zu erlösen? Ich sollte das noch herausfinden.

Vertrauen lernen

Ich war von zwei Wünschen in die Zange genommen: Jack einen Gefallen zu tun (was ein Risiko beinhaltete) und es mir selbst angenehm zu machen, was bedeutet hätte, zu Hause zu bleiben.

In dem Monat war noch eine zweite Reise für mich und Jack geplant. Bevor wir fahren konnten, war mir klar, dass ich noch einige Vorbereitungen treffen musste. So plante ich, über das Thema «Frauen der Bibel» zu sprechen. Dabei fühlte ich mich sicher. Doch irgendwie drängte sich meinen Gedanken der Römerbrief auf. Instinktiv wandte ich mich ihm zu und las den Brief mehrfach. Ich war berührt davon, wie oft Paulus darin das Wort *Gerechtigkeit* erwähnt. Ich las noch einmal über die aktive und passive Gerechtigkeit in Martin Luthers Einleitung zum Galaterbrief nach, verstand aber noch immer nicht dessen Anwendung für das Lehren in South Carolina, wo Jack und ich hinfahren sollten.

Auf dieser Reise begleiteten uns Clyde und Pat, zwei Männer von unserer Gemeinde. Ihre warmherzige Unterstützung und glaubensvollen Gebete bereiteten eine geistliche Kraftbasis für die Arbeit des Lehrens vor. Zu dem Zeitpunkt hatte ich keine Ahnung davon, wie Gott das Leben einiger Menschen berühren würde.

Doch es gab dort ein starkes Wirken des Geistes der Gnade an diesem ersten Montagmorgen in dieser ruhigen südlichen Gemeinde. Nachdem ich meine Rede beendet hatte, kam die attraktive Joan, die Frau des Pastors, zu mir und fragte mich, ob ich zum Mittagessen mit zu ihr nach Hause kommen würde. Wir sassen zusammen in ihrer sonnigen Küche, als sie direkt zum Punkt kam. Mit einem dunklen Blick sagte sie: «Ich bin eine sehr zornige Person. Ich bin zornig auf meinen Mann, meine Kinder, meine Gemeinde, ja sogar auf den Hund. Was soll ich tun?»

Mit den Worten des Römerbriefes in meinem Kopf sagte ich zögernd: «Ich weiss wirklich nicht sehr viel darüber. Doch ich denke, du solltest dich einfach Gottes Gerechtigkeit unterwerfen und aufhören, dich selbst darzustellen. Er wird es alles richtig mit dir machen.»

Sie sagte: «Ist das alles?»

«Soweit ich weiss», antwortete ich etwas vorsichtig. «Christi vollkommene Gerechtigkeit und sich ihr hinzugeben, das ist die Antwort.» Joan stand von ihrem Stuhl auf, kniete sich nieder, schluchzte all ihren Ärger heraus und sagte zu Gott: «Ich akzeptiere deine Gerechtigkeit.» Ich war sprachlos. *Was ging hier eigentlich vor?*

Es war so eine einfache Antwort auf ihre Frage, doch als sie darauf reagierte, war sie verändert. Sie stand auf und umarmte mich mit einem strahlenden Lächeln und Tränen in den Augen.

Die Lasten der Schuld ihres Lebens waren aufgehoben. Sie begrüsste ihren Mann an diesem Tag mit Freuden zu Hause, entschuldigte sich bei ihm für ihren Ärger und die Verurteilung und erzählte ihm: «Ich habe Christi Gerechtigkeit für mich angenommen.» Er war genauso erstaunt wie ich.

Er sagte mit einiger Verwirrung: «Wie sieht es denn mit Busse aus? Solltest du nicht etwas mehr tun?»

Sie entgegnete ihm, nicht viel davon zu wissen. Aber eines wusste sie: Christus hatte sie von der Last der Schuld befreit. Sie fügte dem noch hinzu: «Ich liebe dich auf eine ganz neue Art.»

Spät am Nachmittag kam ich zurück an den Ort, wo Clyde, Pat und Jack untergebracht waren, und erzählte ihnen, was passiert war. Sie waren begeistert und wir verbrachten eine Zeit zusammen im Gebet. Das machten wir dann jeden Tag. Ich war sehr dankbar für ihre Unterstützung. Wenn du zusammen mit anderen dienst, bist du nicht länger ein Einzelkämpfer, und du erliegst nicht mehr den Neigungen zur Selbstverherrlichung und Selbstverurteilung. Wenn dann Gott an der Arbeit ist, kann man das nicht sich selbst zuschreiben, denn es war Teamarbeit. Hinter der Teamarbeit aber stand die Arbeit von Gottes reiner Barmherzigkeit.

Am nächsten Tag, nach meiner zweiten Rede, fragte eine Gruppe von Frauen, ob wir nicht zusammen zu Mittag essen könnten, damit ich auch ihnen das mitteilen könnte, was ich der Pastorenfrau gesagte hatte. Heute war ich ein wenig freimütiger. Ich sagte einfach: «Ihr braucht eine neue Gerechtigkeit; Christus hat sie für euch erkauft. Nehmt sie für euch in Anspruch.» Sie sagten: «Ist das alles?» Wieder sagte ich: «Ja, das ist alles.»

Als unsere Dessertteller vom Tisch abgeräumt wurden, beteten wir, unsere Köpfe zwischen den Kaffeetassen gesenkt, und baten Gott um seine Gerechtigkeit. Einige der Frauen wurden direkt dort durch Christus verändert. Fast sofort wurden andere in der Gemeinde wiederum durch diese motiviert, statt auf ihre eigenen «guten Werke» auf Christi Werk zu vertrauen.

Vorbildlich zu leben bedeutete für diese Frauen, für die Anerkennung in der Familie, Kirche und Gemeinschaft zu leben. Immer zu versuchen, gut dazustehen, ist eine schreckliche Last. Das Problem ist, dass das Gewissen dich verdammt, denn du solltest alles perfekt tun. In Gedanken machst du eine

Liste, wie du eine perfekte Frau, Mutter oder Tochter sein kannst. Wenn du ziemlich gut bist, dann wirst du zum Richter über die, die es deiner Meinung nach nicht so gut tun. Wenn du es nicht schaffst, versuchst du es noch stärker oder gibst auf.

Jeden Tag Vorträge zu halten und dann in die Probleme der Frauen involviert zu sein, ermüdete mich und so sagte ich Donnerstagabend zu Jack: «Ich kann diese Woche nicht mehr unterrichten. Würdest du bitte die Frauen Freitag- und Samstagmorgen unterrichten?» Dieses Mal war da kein Gefühl, versagt zu haben. In der Rückschau bin ich froh, denn sein Unterricht über Gesetz und das Evangelium gaben mir etwas zum Anfassen, durch das ich die Wahrheit, die ich gelernt hatte, besser erklären konnte.

Am nächsten Morgen sprach Jack über die Zehn Gebote und wie das Evangelium die Anforderungen des Gesetzes erledigt. Er erklärte es so: «Das Evangelium versetzt uns in die Lage, in gehorsamer Freude und Freiheit Gott zu dienen, weil das Blut Jesu das Gewissen von der Verdammung reinigt, die das Leben unter dem Gesetz bringt.» Diese Rede half mir, mehr von dem zu verstehen, was Martin Luther über die aktive und passive Gerechtigkeit sagte. Die aktive Gerechtigkeit wird, wenn man sich darauf verlässt, oft als Basis benutzt, eigene gute Taten zu erbringen. Die passive Gerechtigkeit bedeutet, Christi Werk für mich selbst zu akzeptieren.

Ich wusste sehr wenig über das Werk des Heiligen Geistes und so reagierte ich weiterhin oft mit Angst und Schuldgefühlen. Doch Jack half mir, die Kraft des Heiligen Geistes zu sehen, während er die Botschaft des Kreuzes auf das Leben dieser Frauen anwandte. Nun war in ihnen eine neue Art der Demut und Liebe für ihre Ehemänner geformt worden, gepaart mit einem tiefen Bewusstsein des Friedens. Ich war erstaunt, wie schnell Christus ihnen half, ihre Männer anzunehmen und ihnen zu vergeben. Wieder einmal war ich von der Gnade überrascht.

Am letzten Abend der Konferenz berichteten der Pastor und seine Frau, wie sich ihre Beziehung verschlechtert hatte. Alle waren schockiert, als sie sagten, dass sie am Montag, direkt bevor die Treffen begannen, eine Auseinandersetzung auf dem Weg zum Flughafen hatten. Es gab kaum ein trockenes Auge im ganzen Saal, als sie berichteten, wie die Veränderung in Joan als Katalysator gedient hatte, ihre Liebe zu erneuern. Sie war durch den Heiligen Geist in die Lage versetzt worden, von ihren eigenen Frustrationen und ihrem Ärger wegzusehen, hin auf Christi vollkommene Gerechtigkeit, und das befähigte sie, ihren Ehemann zu lieben!

Was war diesen Frauen aus der südlichen Oberschicht passiert? Sie waren Erben einer Tradition, die Höflichkeit, Autorität, die Familie und die Gemeinde schätzt. Ihr soziales Leben war von der Betonung der äusseren Darstellung und Erscheinung bestimmt. «Was werden die Leute denken?» oder «Wie wird es aussehen?» – diese Fragen fassten eigentlich einen grossen Teil ihres Lebens zusammen – und ihrer Gefangenschaft.

Das Gesetz Gottes sagt: «Sei vollkommen», und sie versuchten, vollkommen moralisch zu sein, vollkommen gekleidet zu sein, vollkommene Mütter und Hausfrauen zu sein. Viel von ihrem System des Angesehenseins hatte wenig zu tun mit dem tatsächlichen Gesetz Gottes und dem Christsein. Es hatte mehr zu tun mit den Werten der Gesellschaft und dem «Tu das» und «Tu das nicht», die so oft mit christlicher Religion identifiziert werden.

Den Leuten zu gefallen, wurde zu einer enormen Last für diese Frauen, und tief in ihrem Innern hegten sie die Überzeugung, dass sie verderbte Heuchler sind. Diese Selbstverdammnis machte sie frustriert und ärgerlich über sich und ihre Ehemänner und entfremdete sie von der Gemeinschaft mit Gott.

Als ich ihnen über meine Unfähigkeit erzählte, andere in meinem Haus zu lieben, wurde ein mitfühlender Ton in ihnen getroffen. Wie bei mir, vor meiner Erfahrung der Gnade, wussten auch sie, dass sie nicht die Kraft hatten, andere zu lieben. Jede von ihnen entdeckte für sich selbst ihren hilflosen Zustand. Sie sahen, dass das Ende eines schrecklichen Kampfes die Gerechtigkeit ist, die durch Christus für sie erkauft wurde, und sie glaubten einfach, dass diese Gerechtigkeit auch ihre ist. Wenn wir zu Jesus kommen, nehmen wir den Platz eines Sünders ein. Wir hören auf, das zu sein, was wir nicht sind, und wir geben stattdessen zu, was wir sind. Durch Glauben sind wir dann gerechtfertigt vor Gott und treten in den Frieden ein.

Diese Gemeindefrauen waren in so vielen Dingen anders als die nichtchristlichen Frauen in unserem nordöstlichen Teil der USA. Trotzdem war ich überrascht, wie sehr diese traditionellen Familienfrauen den Frauen ähnelten, die sich für ihre «Befreiung» einsetzten. Beide Seiten schienen mir in ein Netz von Regeln verstrickt zu sein. Es ist nur so, dass diese Gemeindefrauen durch alte Gesetze geistig belastet waren, während die Frauenbefreierinnen mit neuen Regeln bedrückt wurden.

Heute haben viele Frauen die doppelte Belastung von Beruf und Familie zu tragen. Eine erdrückende Last der Schuld kann das Gewissen belasten, wenn die tieferen Bedürfnisse des Herzens nicht von Christus selbst ausgefüllt werden.

Jetzt wusste ich, dass die Botschaft vom Kreuz eine Antwort auf die tiefsten Nöte der Frauen bereithielt, für solche, die wie ich waren, und auch für die, die anders waren. Das Gewissen, das von Regeln erdrückt wird, alte oder neue Regeln, kann durch die Gerechtigkeit Gottes befreit werden, die durch den Glauben an Christus erlangt wird. Regeln lehren uns, was zu tun ist, aber nicht, wie wir die Kraft finden, anders zu werden!

Jemand sagte einmal: «Zeugnis geben bedeutet einfach nur, dass ein einfacher Bettler einem anderen erzählt, wo er Brot findet.» Das war auch meine unbeabsichtigte Strategie beim Unterrichten in South Carolina, und Gott besiegelte dies mit seinem Segen.

Dieses Mal gab es auf dem Weg nach Hause im Flugzeug keine Tränen. Gott hatte die «seufzende Hingabe» in Florida zu einem wachsenden Glauben an die Kraft des Evangeliums verändert. Ich hatte gesehen, wie die Frauen in South Carolina unter dem Einfluss des Evangeliums radikal verändert wurden. Das Wunder daran ist, dass es auch mich veränderte.

Der Anfang der Veränderung kommt, wenn wir Gott ehrlich sagen, dass wir nichts tun können. Der nächste Schritt besteht darin, Gott zu bitten, uns zu lehren, das Unmögliche zu tun. Gott tat wirklich mehr über das hinaus, was ich dachte oder erbat. Er veränderte die Frauen und er liess mich daran teilhaben. Auch lehrte er mich durch Jacks Unterricht, wie ich ein gutes Gewissen vor Gott haben konnte.

Ich hatte zu dem Zeitpunkt noch nicht alle Auswirkungen meiner neuen Entdeckungen verstanden. Doch eine Hauptsache veränderte sich: Ich hatte nie wieder Angst, in der Öffentlichkeit zu sprechen.

Partnerschaft mit dem Vater bedeutet eine Hingabe an seinen Willen. Und Gnade befähigt dazu. Jetzt waren Jack und ich zusammen Partner in einem Vortragsdienst. Ich war auf einer neuen Strasse, einer Strasse, die zu einer vertieften Erfahrung der Liebe Christi führte.

Gnadenschimmer

Emotionale Probleme, besonders Ängste, haben ihre Wurzeln oft in der Unkenntnis der geistlichen Bevollmächtigung, die in unserer Rechtfertigung und Verbindung mit Christus gefunden wird.

- Ich hatte die Gabe, gewisse Erkenntnisse aus der Schrift weiterzugeben, konnte das aber nicht tun, weil ich mich auf meine eigene menschliche Kraft verlassen hatte. Als sich dann mein Vertrauen von mir weg auf Christus und seine Gerechtigkeit richtete, entdeckte ich, dass die Botschaft des Evangeliums mich und diejenigen, die ich unterrichtete, auf erstaunliche Weise verändern konnte.

Gebet: Unser himmlischer Vater, schenke mir die Gnade, mein Herz in einer neuen und tieferen Hingabe an deinen Willen zu demütigen. Lehre mich von Herzen zu beten: «Nicht mein, sondern dein Wille soll geschehen.» Gewähre mir dann die Freimütigkeit, das Evangelium einer bedürftigen Welt zu bringen. Amen.

Teil IV

GOTTES FAMILIE WÄCHST

«Denn ihr habt nicht einen Geist der Knechtschaft empfangen, wieder zur Furcht, sondern einen Geist der Sohnschaft habt ihr empfangen, in dem wir rufen: Abba, Vater!»
(Röm. 8,15; Elberfelder Übersetzung)

Kapitel 10

Weitergehen: Geistlicher Kampf

Und ich hörte eine laute Stimme im Himmel sagen: Nun ist das Heil und die Kraft und das Reich unseres Gottes und die Macht seines Christus gekommen, denn hinabgeworfen ist der Verkläger unserer Brüder, der sie Tag und Nacht vor unserem Gott verklagte. Und sie haben ihn überwunden, wegen des Blutes des Lammes und wegen des Wortes ihres Zeugnisses, und sie haben ihr Leben nicht geliebt bis zum Tod. Darum seid fröhlich ihr Himmel und die ihr in ihnen wohnt. – *(Off. 12,10–12; Elb.)*

Was passiert, wenn eine tief unterdrückte Enttäuschung – und der Ärger über die Enttäuschung – grundlegend aus deinem Leben entfernt wurden?

Die erste Antwort ist ...

Du wachst auf mit dem Bewusstsein, dass du die falschen Feinde hattest und jetzt alles dransetzt, die richtigen zu bekämpfen. Ich war jetzt auf gesunde Art und Weise tief darüber bekümmert, dass ich meinen Ehemann als Konkurrenten und Verräter gesehen hatte, als er in den Pastorendienst eintrat.

Die zweite Antwort ist ...

Du hast jetzt eine neue Offenheit für Gott und die Menschen. Für mich bedeutete das, dass mein Gewissen viel zufriedener war und ich ein neues Bewusstsein für die Gemeinschaft mit Gott und mit meinem Ehemann hatte. Jetzt, da die Ängste vergangen waren, freute ich mich, zusammen mit Jack in Texas zu unterrichten.

Mit einem breiten Lächeln begrüsste mich Herschel auf dem Flughafen in Houston. Herschel war ein ehemaliger Student von Jack, der zu einem eifrigen Pastor geworden war und die Entwicklung der New-Life-Gemeinde mit grossem Interesse verfolgte. Er hatte uns eingeladen, auf einer Gemeindekonferenz zu sprechen, die er organisierte.

Sie sollte in einer Stadtgemeinde mit Jack, Ron Lutz (Jacks Co-Pastor) und mir als Redner stattfinden. Es war geplant, dass Jack zuerst in der Gegend von San Antonio sprechen sollte, und ich sollte währenddessen bereits drei Tage zu den Frauen reden – ohne Jacks Schulter, um mich ausweinen zu können, wenn Dinge schief liefen. Heute jedoch dachte ich nicht ans Versagen. Meine Gedanken richteten sich nicht so sehr auf Erfolg oder Versagen, als vielmehr auf das, was ich über Christus sagen würde. Ich sollte mehrere Male zu den Frauen sprechen und ihnen erzählen, wie Gnade mich so häufig gerettet hatte. Ich plante, ihnen die Wahrheiten zu lehren, die Jack in South Carolina über Rechtfertigung und Befreiung des Gewissens präsentiert hatte.

Während wir in der Nähe der Gemeinde in Houston parkten, achtete ich auf die Anzeichen des städtischen Lebens und dachte: *Diese Menschen haben ein hartes Missionsfeld!* Doch das Milieu hatte den Geist dieser Christen hier offensichtlich nicht bedrückt gemacht. Als wir an dem Freitagabend zusammen anbeteten, waren sie voll mit Lob und Anbetung für Jesus – und ich war es auch.

Als ich zu der grossen Versammlung von Frauen sprach, konnte ich dies mit Freimütigkeit tun. «Freiheit», sagte ich, «gehört ausschliesslich denen, die Töchter und Söhne in Christus sind. Sie gehört euch durch den Glauben an Christus, nicht durch Vermessenheit.» Gesichter erhellten sich mit Interesse, als ich über den Unterschied zwischen Glauben und Vermessenheit sprach und den Unterschied illustrierte, indem ich ihnen von meinem Erlebnis in der Schweiz erzählte. Diesmal sprach ich mehr über die Macht Christi und stellte dem Glauben an ihn sehr deutlich eine verkrüppelte Selbstgenügsamkeit gegenüber. Während ich über Christi Gabe der Gerechtigkeit, die durch den Glauben empfangen wird, sprach, bekam ich guten Zuspruch der Frauen. Sie akzeptierten meine lehrende Stellung als ein selbst lernender Kämpfer, der alle Ehre Christus geben muss, weil er so oft alles durcheinanderbringt.

Die Worte «in Christus» verweilten nach der Veranstaltung in meinem Gedächtnis. «In Christus», dachte ich, «bedeutet ...», nun ich war nicht ganz sicher über die volle Bedeutung, obwohl ich die Worte des Öfteren gebraucht hatte. Ich wusste, dass Jack sagen würde: «‹In Christus› bedeutet Gemeinschaft mit Gott durch den Glauben.» Nach seiner Ansicht preisen wir Christus als den Mittler-König. Als Ergebnis davon entwickeln wir einen starken Glauben an den dreieinigen Gott.

Jetzt gaben mir meine eigenen Vorträge eine grössere Sicht von Christus. Je mehr ich mich mit ihm beschäftigte, desto mehr wurde ich von seiner Verlässlichkeit überzeugt, seiner Liebe und Macht. Ich dachte: *Nun wenn das das ist, was Jack meinte, als er über Glauben und Partnerschaft sprach, dann mag ich die Idee sehr.* Ich fing an zu verstehen, dass ich mich zuerst Gott hingeben muss. Wenn das klar ist, habe ich die Kraft, Jack zu folgen. Wenn das passiert, gehen wir gemeinsam in einer Partnerschaft. Ich verlor das Konzept immer wieder, doch langsam begann es stärker zu werden.

Während der Anbetung ehrten viele Lieder Jesus als den Mittler im Himmel, der seinen Geist gesandt hat, um mit Macht auf der Erde zu wirken. Am Ende meiner Präsentation bat die so oft zögernde Rose Marie die Frauen eindringlich: «Bitte, betet für meine Tochter Barbara.» Nach dem Aufruf waren einige Frauen bereit, für sie zu beten, und sie taten es sofort.

Nachdem ich dann zur Tür hinausging, schüttelte eine freundliche Frau mir herzlich die Hand und gab mir ein Traktat. Ich nahm es und las den Titel: «Wie ich gelernt habe, für die Verlorenen zu beten.» (L. M., Back to the bible)

Es war eine Schrift, die davon handelte, wie gläubige Eltern mit biblischer Autorität für ihre nicht bekehrten Kinder beten können. Die Idee, mit Autorität für Barbara zu beten – nun, das war ein neuer Gedanke für mich. Doch es war eine natürliche Entfaltung von dem, was ich bereits gelernt hatte.

Während ich las, entstand eine stärkere Hoffnung für Barbaras Erneuerung in mir – Hoffnung, die 1972 fast gestorben war, als Barbara und ich zusammengestossen waren. Während ich über dieses Traktat nachdachte, hörte ich keine Stimme, aber ich weiss, dass Gott mir sagte: *Hier ist etwas, das du tun kannst – komm und vertrau mir. Bete nicht als ein isoliertes Individuum in der Nacht, sondern als Kind des himmlischen Vaters. Rufe mich an, prüfe mich. Und mein Sohn wird die Blindheit der Sünde in Barbaras Leben zerschlagen und ihre Gedanken von der Herrschaft des Teufels befreien.*

Am dritten Tag der Konferenz kam Jack an, und ich begrüsste ihn enthusiastisch. Sobald es uns möglich war, schlichen wir uns aus den Veranstaltungen heraus und gingen durch die sonnengefluteten Strassen von Houston. Als wir bei dem schönen Wetter Arm in Arm spazieren gingen, zeigte ich ihm das Traktat. Dann fanden wir eine Parkbank und ich begann ihm vorzulesen.

Ich sagte: «Jack, es spricht davon, wie man mit Autorität für die verlorenen Kinder der gläubigen Eltern betet. Lass uns die Autorität Christi über Barbaras Gedanken beanspruchen und sie auf der Basis seines vergossenen Blutes von der Herrschaft des Teufels weg fordern.»

Jack hörte aufmerksam zu. Sein Geist stimmte damit überein, etwas zu tun, was Barbara helfen würde, und so sagte er: «Mach weiter so.»

«Matthäus 18,19–20 lehrt das Beten in seinem Willen. Es beginnt damit, dass zwei oder drei Personen sich über ein Problem einig werden und dann im Namen Jesu beten. Der Autor sagt, sich einig zu sein über das, was man möchte, und das Gebet auf die Autorität des Namens Jesu zu gründen, bringt Gott dazu zu handeln. Lass uns darin übereinstimmen und zusammen gegen die Sünden beten, die wir bei Barbara sehen.»

Er schaute verwirrt. «Du meinst, wir haben das bisher nicht getan?»

«Ich glaube nicht. Nicht in der klaren Form als *gemeinsame Partner*, wenn wir beten. Wir beten oft für sie sehr allgemein, wie z. B.: ‹Gott, rette Barbara von ihren Sünden›, oder: ‹Bring Barbara zu Christus›, aber wir beten nicht gegen spezielle Sünden oder Gebundenheiten und auch nicht im Zusammenhang mit dieser Verheissung.»

Eine Einführung in den geistlichen Kampf

Dann identifizierten wir ihre hartnäckigen Sünden: Täuschungen, Lügen, Ausreden und Wollust. Danach arbeiteten wir die Schlüsselelemente, die diese Art des Gebets betreffen, heraus. Wir gingen in folgender Reihenfolge vor:

Bekenne Unglauben
Wir bekannten unseren Unglauben, dass wir für Barbara mit einer negativen Vorstellung von ihrer Zukunft gebetet hatten, ohne Gott für Christi Macht zu preisen, die sie verändern könnte. Wir bekannten, dass unsere Gedanken von Zweifel überschattet waren, die Satan gestreut hatte (Jak. 1,5–8).

Nehme die Souveränität Christi über die verlorene Person in Anspruch
Wir baten um Gnade, dass wir unsere Augen von Barbara und ihrem rebellischen Benehmen weg auf Christus als triumphalen Fürbitter und Herrscher zur rechten Hand Gottes (Hebr. 1,3; 7,25; 9,24) wenden konnten. Unsere Bitte war Christi Besitzanspruch über die Kinder der Gläubigen – gepaart mit einer de-

finitiven Ablehnung von Satans falschem Besitzanspruch des Kindes.

Seid euch einig, zusammen gegen spezielle Sünden zu beten
Wir lasen Matthäus 18,19–20, wo es heisst: «Wiederum sage ich euch: Wenn zwei von euch auf der Erde übereinkommen, irgendeine Sache zu erbitten, so wird sie ihnen werden von meinem Vater, der in den Himmeln ist. Denn wo zwei oder drei versammelt sind in meinem Namen, da bin ich in ihrer Mitte.» Wir kamen überein, gemeinsam gegen die vier bestimmten Sünden zu beten, die wir in Barbaras Leben gesehen hatten.

Danke Gott: Preise Gott auf der Stelle für die Antworten
Wir beendeten das Gebet, indem wir Gott bereits dafür dankten, dass er unsere gemeinsamen Gebete beantwortet hatte. Wir dankten ihm dafür, dass er jede Sünde, gegen die wir gebetet hatten, überwunden hatte, und priesen ihn für die Niederlage Satans und seiner bösen Mächte (Mark. 11,22–24).

Es war ein stilles, glaubendes Beten, ruhend in der Autorität Christi. Wir baten den Vater klar und deutlich, das zu tun, was wir für seine Herrlichkeit wollten. Wir taten es im Zusammenhang des Lobens über die Souveränität Christi und unter Hingabe an seine Person und an seinen Willen. Wir vertrauten nicht auf eine Formel, sondern auf das sühnende Opfer des Sohnes Gottes als Basis für unsere Fürbitte und Anbetung.

Überraschende Resultate

Einen Monat später kam Barbara zur Hintertür herein und ging in den dritten Stock, wo Jack sich von einer Grippe erholte. Ihr Gesicht war nicht mehr so besorgt und sie lächelte, als sie sagte: «Papa, glaubst du, du könntest zur Abwechslung einmal ein paar gute Nachrichten von mir vertragen?»

Schnell vergass Jack seine Krankheit. «Versuch es», lachte er. Sie setzte sich entspannt am Ende des Bettes und sagte:

Wir vertrauten nicht auf eine Formel, sondern auf das sühnende Opfer des Sohnes Gottes.

«Mir ist was Verrücktes passiert. Du wirst das nicht glauben. Weisst du, was für eine Lügnerin ich bin?»

Jack nickte.

«Nun, ich habe Probleme mit dem Lügen, und es macht mich unruhig. Ich fühle mich auch nicht länger wohl, wenn ich betrüge und anderen Leuten die Schuld zuweise. Ich war sogar beim Finanzamt und habe ihnen gesagt, dass ich letztes Jahr bei der Einkommenssteuer geschummelt habe.»

Jack fiel fast aus dem Bett! Unsere Freude war mit Worten nicht zu beschreiben. Von da an betete ich mit einem Geist des Glaubens für Barbara und nicht mehr mit einem Geist des Sorgens und der Angst. Auf eindrücklichste Weise konnte ich jetzt klarer sehen, dass Gott nicht gegen mich, sondern für mich war! Die lähmenden Zweifel, die von den dunklen Mächten herrührten, waren nun durch die gegenwärtige arbeitende Macht des Herrn entlarvt.

Wie viele Eltern, deren Kinder in die Irre gehen, hatten auch wir ein allgemeines Gebet für Barbaras Bekehrung gebetet – beinahe ein mechanisches Gebet, das wir immer wieder sprachen, aber mit abnehmender Hoffnung. Nun spürten wir, dass Gebet absolutes Vertrauen in Gott ist, das sich in Worten ausdrückt. Als gemeinsame Partner beteten wir in Gemeinschaft mit dem König des Universums. Wir fixierten unsere Augen mehr auf Gottes Autorität und weniger auf das, was Barbara tat. Wir wiesen die Souveränität von Barbaras rebellischer Haltung, die Souveränität Satans, und die Souveränität von allem Bösen in Barbaras Leben ab.

Die richtige Theologie

Mit anderen Worten, wir wussten, was unsere Theologie war, und fanden heraus, was ich schon längst hätte sehen sollen. Schlechte Theologie führt dazu, dass man nicht an die Allmacht

Jesu Christi glaubt, und das wiederum setzt oft eine üble Denkweise in unserem Inneren in Bewegung. Falsche Theologie lehrt auch, dass du gute Werke zu deiner Errettung beitragen musst, oder du andernfalls nie Frieden mit Gott haben wirst. Der Teufel gebraucht diese verkehrte Sicht, um dich dahin zu führen, dass du denkst, dass Ablehnung, Enttäuschung und Versagen aller Art Gottes Gericht für *dich* – dein fehlerhaftes Verhalten – ist, und daher hast du auch kein Recht, mit zuversichtlicher Autorität zu beten.

Schlechte Theologie führt dazu, dass man nicht an die Allmacht Jesu Christi glaubt, und das wiederum setzt oft eine üble Denkweise in unserem Inneren in Bewegung.

Solange wie ich unwissend über die biblische Theologie der Gnade war, waren meine Gedanken der Raub von beunruhigenden Umständen, negativen Gefühlen und einem Kreis der Verzweiflung. Ich hatte angenommen, dass meine Probleme in der Hauptsache emotional und endlos waren. Eigentlich war ich bis auf diesen Tag Barbara zu ähnlich, als dass ich ihr hätte helfen können. Doch nachdem ich nun gesehen hatte, dass meine eigentliche Falle geistlicher Art war, wusste ich auch, dass Satan meine sündige Natur (fleischlicher Unglaube) gebraucht hatte, um mich zu überzeugen, dass ich es nicht verdienen würde, Barbara gerettet zu sehen, und weil Barbara so abwehrend war, könnte es auch keine Barmherzigkeit für sie geben. Zumindest nicht für eine sehr lange Zeit.

Warum sind so viele Christen immer noch emotional durch Unschlüssigkeit beherrscht, und warum zweifeln sie so oft noch an Gottes Bereitschaft und Macht, die wirklich schwierigen Dinge zu lösen? Warum zweifeln so viele Christen, dass Gott sie so liebt, mit all seiner tiefen Fürsorge, wie es in der Schrift steht?

Die Antwort ist, dass *gute Theologie nur hilft, wenn sie das innere Leben kontrolliert.* Heute sehe ich klarer, was ich damals nur intuitiv ahnte. Unter den heutigen Christen wird biblische Lehre oft nur als abwehrender Schild gebraucht, um das innere

Leben der Kontrolle Gottes zu entziehen. Ich weiss, dass ich das so gebraucht habe. Ich habe auch etliche andere Leute gekannt, die die Bibel ohne die Absicht studiert haben, dass die Bibel ihre Prioritäten verändert oder sie in Gemeinschaft mit Gott bringt. Sie studieren die Bibel vielleicht, um ihre Gewissen zu beruhigen oder um Punkte zu sammeln, in einem Geist des strengen Haltens von Gesetzen – aber nicht, um in das Leben Gottes einzutreten.

Der wahre Feind

Hör mal, lieber Christ, vergiss niemals, dass unser inneres Leben ohne Christus radikal egoistisch, selbstschützend und rebellisch ist. Solch eine einengende Welt des eigenen Ich ist verwundbar für beides – satanische Vorschläge und Verdammnis – und ist oftmals verbittert durch unversöhnliche Haltungen anderen gegenüber. Solch ein inneres Leben strotzt von selbstgerechter Abwehrhaltung.

Doch wenn wir uns selbst Christus und seinem Willen hingeben, wird die christliche Lehre das innere Leben zunehmend kontrollieren. Wenn das passiert, werden biblische Wahrheiten wie *Sohnschaft* die ganze Person bestimmen und verändern. Und noch etwas passiert, wenn wir uns Christus hingeben: Wir lernen von ihm, wer unsere wahren Feinde sind. Das ist absolut notwendig, bevor wir effektiv kämpfen können.

Der erste «wahre Feind» in deinem Leben ist immer dein eigenes nicht hingegebenes Leben (Jak. 4,1–10). Gegen deine eigenen Tagesordnungen und Leidenschaften zu kämpfen, ist das Zentrum des geistlichen Kampfes. Der zweite «wahre Feind» ist der Teufel. Der, der dich kompromisslos hasst, ist immer die Macht der Finsternis (Eph. 6,12). Wo immer ein sich selbstverherrlichender Stolz ist, dort hat der Teufel viel, viel Einfluss (Jak. 3,13–4,7).

Warum war ich so verletzt? Wegen meiner Mutter? Der Passivität meines Vaters? Jacks gelegentlicher Dominanz und unsensiblen Haltung? Barbaras scheinbarem Verrat an uns und das, was wir glaubten?

Nein, ich sah jetzt, dass die grosse Schlacht zwischen Christus und dem Satan stattfindet. Christi Strategie ist es, uns dahin zu führen, unsere menschlichen Feinde zu lieben und ihnen zu vergeben und mit Zuversicht für sie zu beten, dass Christus auch sie zu Söhnen und Töchtern verändert. Diese Art von Kampf bringt Christus Ehre und auch geistige Gesundheit, weil es der Realität entspricht.

Wenn du gegen den wahren Feind gekämpft und in Gottes souveräner Kontrolle geruht hast, dann bist du frei, anderen in Liebe zu begegnen.

Wenn Glaube der wichtigste Weg ist, damit die Macht von Christi Reich sich in dieser Welt offenbart, dann sind wir nicht länger durch Schuld gebunden. Schuld bringt immer Verurteilung, während der Glaube an Christus uns motiviert, freimütig für die Verlorenen zu beten. Er ist nicht nur der Priester-Erretter, sondern auch mein herrlicher König-Herrscher. Ein grosser Christus, der grossen Glauben schafft!

Was du über die Macht Christi weisst, entscheidet über die Kraft in deinem Glauben! Weisst du wenig über Christus und seine Allmacht, dann wirst du schwachen Glauben haben. Weisst du mehr von Christus als souveränen Herrn, dann wirst du mehr Glauben haben. Weisst du viel über Christus, dann bist du auf dem Weg, grossen Glauben zu gewinnen (Matth. 8,5–13; 14,22–36).

In den nächsten Monaten erlebten Jack und ich wahre geistliche Schlachten, während wir um spezielle Gebiete im Leben unserer Tochter kämpften. Wir lernten beantwortetes Gebet zu erkennen, und wir lernten auch, dass das Gebet ausdauernd sein muss und dass die Wirkungen der Gnade keine Rückschläge verhindern, wenn die Person, für die man gebetet hat, in Krisen kommt und ihre oder seine Entscheidungen trifft. Hier nun eine grobe Skizze unseres Lebens während dieser Zeit:

Wir begannen freimütig dafür zu beten, dass Barbara ihren Freund John verlassen würde.

Einige Wochen später entschied sie sich, John zu verlassen, und wir halfen ihr, nach Hause umzuziehen. Sie bekam eine Arbeitsstelle als Kellnerin und schrieb sich an der Universität ein.

Wir entdeckten, dass sie John heimlich traf. Jack und Barbara hatten darüber eine schmerzvolle Auseinandersetzung. Daraufhin verliess sie uns, um in ihrer eigenen Wohnung zu leben. Das war ein Schlag für uns, doch ich begann zu lernen, nicht in Verzweiflung zu verfallen, wie der Teufel es gerne gehabt hätte. Als Familie setzten wir die Strategie der Liebe dagegen. Zusammen mit christlichen Freunden halfen wir ihr, sich in ihrem neuen Zuhause einzuleben.

Mehr und mehr sah ich die Ursache des Konfliktes, so dass ich nicht enttäuscht war, als Barbara auszog. Jede Mutter kann dir sagen, was für einen Durchbruch es bedeutet, wenn eine Mutter darüber nicht enttäuscht ist! Meine Zuversicht begann sich zu verlagern von dem, was Barbara tat, hin zu dem, was Gott tun wollte. Allerdings ging mein Glaube durch wacklige Zeiten, während ich sie besser kennen lernte.

Wir stellten fest, dass Angelo, der Gastwirt des Restaurants, in dem Barbara arbeitete, in Barbaras Wohnung eingezogen war. Zu diesem Zeitpunkt hatte ich meine eigene Art von Verbundenheit mit dem Vater durch Christus. Dass Satan die Hitze weiter aufdrehte, trieb mich einfach nur dazu, mein wackliges Selbst näher zu Jesus zu führen.

Wenn du gegen den wahren Feind gekämpft und in Gottes souveräner Kontrolle geruht hast, dann bist du frei, anderen in Liebe zu begegnen. Angelo war nun ein willkommener Gast in unserem Haus. Zu dieser Zeit bat Jack Barbara und Angelo, sein evangelistisches Traktat «Hast du jemals ein neues Leben gewollt?» zu lesen und von einem nichtchristlichen Standpunkt aus konstruktive Kritik zu üben. Sie gaben hilfreiche Vorschläge für das Traktat. Jacks Handlung sagte ihnen: «Ihr seid meine Freunde und nicht Feinde.» Es war auch eine Hinwendung an sie – eine Respektbekundung für ihre Ansichten. Diese Selbstdemütigung führte zu einem neuen Band der Freundschaft zwischen Jack und den beiden. Jack und ich zogen sie nun langsam und vorsichtig in eine neue Partnerschaft mit uns und mit dem Vater.

Gnadenschimmer

Ausgerüstet mit Gottes Kraft haben wir die Möglichkeit wie nie zuvor, gegen das Böse anzugehen.

- Als Söhne und Töchter Gottes werden wir seine Partner in dem grossen Kampf um das Leben der Menschen. Durch Gebete des Glaubens erlauben wir Gott, Werke der Gnade im Leben anderer zu vollbringen.

Gebet: Himmlischer Vater, lehre mich, dass mein wahrer Feind nicht die Person ist, die mich missbraucht hat, sondern Satan, der grosse Missbraucher. Hilf mir, gegen den Teufel zu kämpfen und nicht gegen Menschen. In Jesu Namen. Amen.

Kapitel 11

Wachstum im Dienst: Uganda

Es ist eine unheimliche Befreiung zu wissen, dass seine Liebe zu mir ausserordentlich realistisch ist, in jedem Punkt aufbauend auf vorherige Kenntnis des Schlechtesten über mich, so dass jetzt keine Entdeckung ihn mehr über mich enttäuschen kann, in der Art wie ich selbst oft über mich enttäuscht bin, und seine Entscheidung, mich zu segnen, rückgängig machen kann.
– J. I. Packer, Knowing God

Wie die Jahre zeigten, würde vielen Männern und Frauen durch die Wahrheit des Evangeliums, die ich vermehrt weitergeben wollte, in fundamentaler Weise in ihrer Beziehung zu Christus geholfen werden. Die Strategie meines himmlischen Vaters, mich zu formen, war einen Bettler zu schaffen, der Brot finden musste. Ich sollte das weitergeben, was ich gelernt hatte, aber nicht als die gut Ausgebildete, die Kompetente und Erfolgreiche, sondern als die, die instinktiv vor ihm und vor anderen floh, diejenige, die verletzt und gebrochen war und die doch ständig geliebt und gesucht wurde durch seine unermessliche Gnade.

Dann war es die Arbeit des Geistes, Menschen in mein Leben zu bringen, damit sie die unverdiente Güte des Herrn sehen und schmecken konnten.

Das Herzstück meines Unterrichts war, die Menschen in Gemeinschaft mit Gott zu bringen, indem ich ihnen das Evangelium vorstellte. Das Wesentliche dieser Gemeinschaft ist die Arbeit des Geistes. Er offenbart der Seele Gottes Liebe und dass die Liebe die Macht der Selbstgerechtigkeit und den beständigen Egoismus bricht, der nach einem erfolgreichen Leben strebt, das andere zu uns und nicht zu Christus zieht.

Es gab immer noch Kämpfe zu bestehen. Nach so vielen Jahren des auf sich selbst Zentriertseins und das von anderen Unabhängigseins hatte Satan zahlreiche bewährte Tricks, um mich in die Gesinnung einer Waisen zurückzuholen. Wie war ich durch Satan verführt, und welchen Lügen glaubte ich? Hier sind einige davon:

- «Gott versteht nicht.»
- «Du brauchst das nicht zu tun, was er sagt.»
- «Gott hat dir etwas vorenthalten.»
- «Du hast Bedürfnisse, die er nicht erfüllt hat.»
- «Du kannst seinen Verheissungen nicht glauben.»
- «Wenn es richtig ist, das zu tun, dann sollte es nicht so ein grosser Kampf sein, es zu tun.»

Wieder und wieder brachte Gott mich dazu, an diesen falschen Dingen zu arbeiten und meinem Waisendasein abzusagen. Satan hat seine Strategien nicht verändert. Sein Ansatz besteht immer darin, uns einzureden, dass Gott nicht gut ist und auch nicht für uns ist.

Diesen Lügen muss widerstanden werden. Dich dafür zu entscheiden, deinem eigenen Willen anstelle von Gottes Willen zu folgen, ist eine *schreckliche* Freiheit, die in Wirklichkeit Sklaverei deiner eigenen Wünsche ist. Wir sind alle mit Sehnsüchten und Leidenschaften erfüllt, manchen guten und manchen schlechten. Doch losgelöst von Gott führen diese Wünsche in unendliche Enttäuschungen. Als Beispiel dieser Enttäuschung kann ich meinen eigenen Wunsch anführen, beschützt zu leben, innerhalb eines nicht gestörten Familienkreises. Du hast da deine eigene Wunschliste. Doch erinnere dich daran: Du kannst nicht tun, was nur Gott tun kann – dein ganzes Leben kontrollieren und einen Sinn für das Leben zu geben, der zur Zufriedenheit führt.

Eine neue Richtung

An einem Sommertag im Jahre 1979 brachte die Post einen Brief mit einer Überseebriefmarke. Als Jack den Brief las, kam ein Ausdruck des Schreckens über sein Gesicht. Er reichte den Brief an mich weiter und ich überflog die Seiten. Ich las: «Dr. Miller, wir bitten Sie, nach Uganda zu kommen, um eine Gemeinde wie ‹New Life› hier in Kampala zu gründen.»

Wir sassen auf unserer Veranda und dachten darüber nach. Jack sagte: «Das ist das erste Mal, dass ich gebeten werde, irgendwo hinzugehen, um zu dienen, wo ich nicht hingehen will. Ich denke, da gibt es nur eins zu tun, ich werde die Ältesten um Rat fragen.» Zu seiner Überraschung dachten sie, er sollte gehen. Unsere Gemeinde und ihr Leiter hatten ein Herz für dieses schwer getroffene Land in Ost-Afrika, das unter der Diktatur von Idi Amin so gelitten hatte. Seit 1974 hatten Flüchtlinge in unserem Haus gewohnt und kamen von Uganda in unsere Gemeinde, um von uns Fürsorge zu erhalten. Ein exil-ugandischer Pastor hatte als Ältester bei uns gedient. Er war inzwischen in sein Land zurückgekehrt und war nun der Verfasser dieses Einladungsbriefes.

Aufgrund des Putsches, der Idi Amin zu dieser Zeit absetzte, wurden wir häufig von Kampala, Ugandas Hauptstadt, angerufen. Jedes Mal hiess es: «Es ist zu gefährlich für euch zu kommen.» Schliesslich kam im Oktober die Nachricht: «Kommt im November, das Land scheint jetzt sicherer zu sein.»

Ich war bis dahin nur zu glücklich, mein Leben wie gehabt weiterführen zu können. Wir nahmen noch immer Pflegekinder bei uns auf, und unsere Enkelkinder waren ständig in und um unser Haus und brachten mir viel Freude. Was mich beeinflusste, dann doch ein zögerliches Ja zu dem Vorschlag zu finden, war, dass die Gemeinde im Oktober eine Freizeit mit David Bryant, einem Missionsexperten, hatte. Er sagte, dass der New-Life-Dienst, dessen Ziel es ist, gewalttätige und rebellische Menschen, alleinerziehende Eltern, taube oder geistig behinderte Menschen und emotional gestörte Personen zu erreichen, nun nach Übersee gehen sollte. Es schien, als ob der Zeitpunkt seiner Ermahnung vom Herrn kam und an mich gerichtet war, obwohl es nicht dazu beitrug, meine tieferen Ängste aufzulösen.

Jack hatte zwei Wochen intensive Kämpfe wegen der Reise. Er weinte oft. Er zog ernsthaft die Möglichkeit in Betracht, dass er in Uganda sterben würde und dies eher früher als später passieren könnte. Dabei schien er nicht so sehr um die Gewalt in der Nach-Idi-Amin-Ära besorgt zu sein als vielmehr wegen der Bakterien! Jedes Mal, wenn er nach Mexiko fuhr, litt er hinterher unter Durchfallattacken. Er erwartete, dass Uganda eine Wiederholung sein würde – bestenfalls.

Er hasste es auch, von unserer Gemeinde, unseren Kindern und Enkelkindern Abschied nehmen zu müssen. Doch als er dann seinen Willen Gott hingegeben hatte, vergingen seine Ängste, und ich glaube nicht, ihn je glücklicher gesehen zu haben. In seinem neuen Enthusiasmus überzeugte er vier junge Männer unserer Gemeinde, Ende Dezember zu uns nach Uganda zu kommen.

So geschah es, dass ich mich Ende November an Bord einer KLM 747 über dem Atlantik befand. In Nairobi, Kenia, wechselten wir von der 747 auf eine Fokker, die von Kenia Airways betrieben wurde. Als wir in der Luft waren, dachte ich: *Ich werde wohl durch eine Kugel in Uganda sterben. Das ist das Ende. Ich hoffe, es geht schnell und barmherzig.* Alles, was ich über Gottes Gnade und Genügsamkeit gelernt hatte, schien aus dem Fenster geflogen zu sein; es schien für das Leben in Jenkintown höchst relevant, aber für das Leben in Afrika höchst irrelevant zu sein. Wir flogen über den Victoriasee (der so gross ist wie ganz Irland) und setzten auf den Boden des Entebbe-Flughafens auf der ugandischen Seite des Sees auf. Als das Flugzeug langsam über die Landebahn in Richtung Ankunftshalle rollte, schaute ich aus dem Fenster und sah einige majestätische Vögel, die auf dem Rollfeld waren. Das war mein erster Eindruck von den berühmten Kranichen mit Kamm. Ich machte Jack auf sie aufmerksam.

Zusammen schauten wir zu diesen Vögeln. Sie hatten eine weizenfarbene, fächerförmige Krone. Ihre Körper waren aschfahl, aufgesetzt auf stelzenförmigen Beinen. Später erfuhr ich, dass sie von den Ugandern als Vögel des Friedens und des Wohlstands angesehen werden.

Nachdem ich aus dem Flugzeug ausgestiegen war, schaute ich auf die modern aussehenden Flughafengebäude, die etwa einhundert Meter entfernt standen. Als wir durch sie hindurchgingen, fragte ich Jack: «Was sind das für Löcher in den Mauern?»

«Ich denke», sagte er sanft, «das sind Löcher von Gewehrkugeln. Behalte deinen Fotoapparat in der Tasche, du darfst hier keine Bilder machen.»

Ich erstarrte. Dies war definitiv nicht Jenkintown. *Was für eine eigenartige, tote Welt*, dachte ich. *Ganz und gar nicht wie mein Zuhause*.

Unser ugandischer Freund, der jetzt einer der hohen Führungsmitglieder der Regierung war, wartete, um uns am Flughafen zu begrüssen. Bald schon wurden wir mit hoher Geschwindigkeit in einem dunklen Mercedes auf der Strasse nach Kampala gefahren. Die tropische Landschaft und der Himmel waren schön. Ich entspannte mich ein wenig. Ich konnte besonders die Luft fühlen, die sanft und warm war. Die beigefarbenen Häuser, an denen wir vorbeifuhren, sahen aus, als ob sie über Jahre nicht mehr gestrichen worden waren. Die Armut war in den Dörfern sichtbar. Einige Kinder trugen kaum mehr als Lumpen. Zwei oder drei ausgebrannte Panzer von Amins Armee säumten den Rand der Strasse.

Vierzig Minuten später wurde Kampala vor unseren Augen

sichtbar, eine schöne, weisse Stadt, auf sieben Hügeln gesetzt, mit grünem Laubwerk durchzogen. Ich war durch ihre unvergessliche Schönheit beeindruckt.

Ein Fremder in einem fremden Land

Andere Eindrücke gaben schon bald das Bild von Kampalas wahrem Zustand preis. Während wir in die Stadt fuhren, wurden unsere Nasenlöcher von dem Geruch verwesender Fruchtabfälle angegriffen. Die Abfallhügel wurden überall aufgehäuft. Ich fühlte mich, als ob mir übel werden würde. Der Zustand der Strassen half meinem Magen nicht, während wir mit dem Mercedes über grosse Schlaglöcher durch die Stadt fuhren. Zwischen den Schlaglochsprüngen schaute ich auf die Gebäude. Einige waren durch die kürzlichen Kämpfe völlig ausgebrannt. Beinahe alle Geschäfte waren leer. Ich schaute nach einem, bei dem die Fenster nicht eingeschlagen waren, und fand keines. Kleine Gruppen grimmig ausschauender tansanischer Soldaten in Dschungel-Uniform patrouillierten durch die Strassen.

Bald fuhren wir auf das Gelände des «einzig sicheren Ortes» in Kampala – das schwer bewachte, fünfzehnstöckige Apollo International Hotel. Im Foyer liefen Ugander in dunklen Anzügen geschäftig umher; Polizei und Soldaten waren überall. Die Ugander verstanden sie als «Sicherheitsdienst». Doch sie erhöhten mein Unsicherheitsgefühl entschieden.

Unser Zimmer im achten Stock war überraschenderweise hell und luftig, mit einer grossen, gläsernen Schiebetür, die sich zum Balkon hin öffnete, von dem wir den Parkplatz überblicken konnten. Das Badezimmer war gross und modern, doch als ich den Wasserhahn aufdrehte, kam kein Wasser heraus. Das war ein harter Moment. Kein Wasser – das symbolisierte mir, dass nichts im erschöpften Land zu funktionieren schien.

Sehr durstig ging ich mit ugandischen Freunden hinunter in den Speisesaal, um meinen Durst mit Tee zu löschen. Während der Mahlzeit kamen immer wieder ugandische Leiter vorbei, um uns willkommen zu heissen. Jack und ich fanden uns inmitten neuer Freunde von Mitgliedern der Regierung und des Parlaments. Das Rind, welches man uns zum Abendessen servierte, erwies sich als die zäheste Kuh des gesamten ugandischen Landes. Ich versuchte es mit meinem Messer, aber es gelang nicht. Ich versuchte es mit meinen Zähnen, aber auch das klappte nicht. Als ich zu Bett ging, war mein Hunger nur teilweise durch Kekse und Käse, die wir mitgebracht hatten, gestillt. An diesem Abend schliefen wir beide sehr gut, da wir sehr müde waren – obwohl unser Schlaf einige Male durch ausbrechendes Gewehrfeuer unterbrochen wurde, manches davon sehr nahe. Am Morgen wachten wir mit dem Problem Wasser auf, oder besser gesagt mit einem Mangel an Wasser. Wir hatten gehört, dass man zumindest Wasser für die Toilette bekommen konnte, indem man den Feuerschlauch auf dem Korridor benutzte. Jack ging nach draussen auf den Korridor und schaute sich um. Ein Nachbar zog den langen Feuerschlauch vom Ende des Flurs bis zu seinem Zimmer. Andere wollten das auch, und als wir an der Reihe waren, wickelte Jack den Schlauch ab und ging zurück zu unserem Zimmer.

Es war lustig, ihm zuzusehen. Er legte die Düse in die Toilette und kleine Tröpfchen von gelbem Wasser fielen in die Toilettenschüssel. Jack schüttelte die Düse, aber es folgte nicht mehr Wasser. «Ist das alles?», fragte ich. Ich fühlte mich schrecklich angesichts der Aussicht auf einen wasserlosen Tag. Jack sagte mit einer Grimasse: «Das ist es.»

Ängste stiegen in mir hoch. Doch ich widerstand den Angstregungen in mir und sagte zu Jack: «Wir sollten besser beten, ich meine für Wasser beten.» Wir taten das denn auch, und innerhalb von fünf Minuten strömte das Wasser. Wir hatten den Wasserhahn in der Badewanne aufgedreht gelassen und den Stöpsel reingesteckt, und das Wasser begann bereits die Wanne zu füllen, als ich ins Badezimmer trat. Nach dieser ersten Erfahrung lernten wir, die Wanne mit Wasser zu füllen, wann immer das Wasser kam, sozusagen als Reserve für den nächsten Tag. Es gab nie heisses Wasser, doch das klare Wasser sah sauber aus, vergleichen mit den Tropfen von gelber Brühe, die aus dem Feuerschlauch kamen. Diese schnelle Antwort auf das Gebet ermutigte mich, erneut zu glauben, dass Gott mit uns war.

Ich war schrecklich hungrig, als wir in den Speisesaal zum Frühstück hinunterkamen. Unglücklicherweise hatte das Wasserbesorgen dazu geführt, dass wir spät kamen, so dass die Bananen schon alle weg waren. «Nun», sagte ich, «ich nehme den Tee und das Brot.» Doch der Diener erklärte, dass auch kein Brot mehr da sei. So musste ich mit Tee auskommen. Nach dem «Frühstück» entschieden wir uns, zum Rohanna Sport Club rüberzugehen, der auf dem Namirembe-Hügel lag. Hier war das Waisenhaus und der Ort für die neue Gemeinde.

Wir fielen sehr auf, da wie beinahe die einzigen Weissen waren, die durch die Strassen gingen. Im Umkreis von drei oder vier Strassen wurden wir einige Male von jungen Ugandern angesprochen, die uns um Fluggeld baten, damit sie in den USA studieren könnten. Sie waren sehr energisch und gaben erst auf, als wir klar und laut sagten: «Nein, nein, wir haben kein Geld für Flugtickets!»

Dann nahmen wir die falsche Strasse und landeten schliesslich in einem Fledermaustal. Ich war die Erste, die sie sah. Auf beiden Seiten der Kampala Road standen grosse Eukalyptusbäume, an deren Ästen Hunderte über Hunderte von grossen Fledermäusen hingen.

Panik ergriff mich. Eine geplünderte Stadt, kein Essen, keine sichere Wasserzufuhr, Gewehrfeuer bei Nacht und nun die Fledermäuse! Ich begann zu weinen.

Jack tröstete mich, so gut er konnte, und wir gingen den Weg zurück und gelangten zum Waisenhaus. Nach einem herzlichen Willkommen, an das sich der Morgentee und Bananen anschlossen, zeigten mir ugandische Gemeindeleiter einen grossen Raum, in dem Frauen Matten und Körbe aus Stroh herstellten. Ich wusste nicht genau, was ich tun sollte, oder was man von mir erwartete. Keiner von ihnen sprach Englisch, so dass wir einander nicht verstehen konnten.

Die Frauen lächelten, sprachen mit mir in Luganda (der Sprache ihres Stammes) und versuchten, mir die einfache Art des Korbflechtens beizubringen, indem sie acht verschiedene Materialsträhnen gebrauchten. Ich hatte zwar zehn Finger, aber die Strähnen wollten einfach nicht unter meine Kontrolle kommen. Während Jack die Gemeindeleiter lehrte (die alle Englisch sprachen), gab ich mein Bestes, um bei den Frauen nicht komplett als Dumme dazustehen. Ich war eine Fremde im fremden Land.

Wieder ein «Zuhause» finden

Etwa dreimal in der Woche ging Jack mit den Leitern der neuen Gemeinde zum Owino-Markt, der gerade an der Stelle liegt, wo es in den Kisenyi-Slum ging. Ich wusste nichts davon, doch es war eine der gefährlichsten Stellen in Kampala. Hier, im Gebiet der Strassenkreuzung, schmiedeten Mörder und Diebe Tag für Tag ihre kriminellen Pläne. Viele Teenagerwaisen, die *bayaye* genannt wurden, lebten hier und sorgten für ihren Unterhalt durch Kaufen, Verkaufen und Diebstahl. Hier draussen, wie auch überall in Kampala, jagte jeder dem Geld hinterher; manchmal nannten sie es «Geld essen». Aber wie auch immer man es nannte, hier draussen waren die Menschen bereit, dafür zu töten.

Jack predigte und lehrte aus der Bibel. Bald schon kam ich dazu, sprach über Christus und gab mein Zeugnis. Ich umarmte die Zuhörer und erzählte ihnen von Jesus. Viele der Waisen wurden Christen. Bald schon hielten wir Bibelstunden, zu denen sie genauso wie die Gemeindeglieder kamen. Auch die Kriminellen zeigten Interesse am Evangelium.

Im Hotel wurde das Essen schlechter und Jack erkrankte oft an Ruhr. Schliesslich gingen wir zum Arzt, und der sagte uns, dass wir mit dem Essen im Hotel sehr vorsichtig sein sollten.

Ich fing langsam an, mich in Uganda einzugewöhnen. Aber eines wollte ich nicht tun, und zwar zum grossen öffentlichen Markt gehen und Lebensmittel einkaufen. Etwa drei Meter hoch waren verderbende Früchte in einer Ecke aufgetürmt, und ich stellte mir vor, dass da drunter noch ein toter Körper liegen könnte und die Ratten da ihr Zuhause hätten. Ich kannte die Preise für Lebensmittel nicht und konnte mich auch nicht verständigen. Ich war durch Angst gelähmt. Angst ist immer irrational. Doch wir mussten etwas tun! Wir beide hatten beträchtliche Gewichtsverluste und wurden körperlich schwächer.

Eines Nachmittags gingen Jack und ich von Rohanna zurück zum Hotel. Als wir in der Nähe des Nakasera-Markts waren, lächelte Jack, und ohne mir zu sagen, was er geplant hatte, nahm er mich beim Arm und ging mit mir in Richtung des Marktes.

Ich war ganz einfach entsetzt. Ich überlegte, was ich sagen könnte – irgendetwas. Fieberhaft suchte ich nach einer guten Entschuldigung, um nicht dort hingehen zu müssen. Ermutigt durch mein Schweigen, führte mich Jack sanft aber bestimmt von Stand zu Stand.

Bald schon scherzte Jack mit den Verkäufern von Obst und Gemüse und machte Witze. Ich entspannte mich ein wenig. Jack machte ein paar Einkäufe und bald schon überkam mich mein Einkaufsinstinkt. Ich nahm eine frische Ananas und bezahlte dafür. Später in unserem Zimmer schnitten wir sie auf und verschlangen sie. Während ich auf dem Balkon sass, wunderte ich mich erneut. Warum war ich so furchtsam gewesen?

Ich hatte keine sofortige Antwort auf die Frage, aber unser Marktbesuch löste unser dringendstes Problem. Seitdem Jack sich vom Hotelessen fernhielt und nur gereinigtes Wasser trank, besserte sich sein Gesundheitszustand. Die schlechte Qualität des Essens im Hotel, der Mangel an Wasser und ständige Krankheiten machten Inder, Muslime und Ugander uns gegenüber offener. Viele kamen zu uns und baten um Gebet. Wir erhielten jetzt Einladungen, mit ihnen in ihren Zimmern zu essen, und wir teilten unsere Lebensmittel mit ihnen.

Gnade finden in der Tiefe

Die Probleme, die wir in Uganda sahen, wurden immer schlimmer. Es war verwirrend. Ich dachte über dieses eigentlich wohlhabende Land nach, das reich war aufgrund von Bodenschätzen und Klima, reich an Mineralien und reich an talentierten, würdevollen Leuten, aber beherrscht von Ausbeutern. Amin, der frühere Präsident, war weg, doch das Morden und Rauben dauerte an. Das Schiessen in der Nacht wurde schlimmer. Jemand erzählte uns, dass die Stadtverwaltung jeden Morgen zwischen zwanzig und dreissig Tote von den Strassen aufsammelte. Ständig hörten wir persönliche Berichte oder lasen in der Uganda Times über vergangene und gegenwärtige Gräueltaten. Zu dieser Zeit kopierte ich aus einer Zeitung den Bericht eines jungen Mannes, dessen Frau und zwei kleine Kinder ermordet wurden. Er schrieb zu ihrem Gedenken:

> In meiner Abwesenheit habt ihr durch die Hände von grausamen, gierigen, barbarischen und unbarmherzigen Raubmördern einen demütigenden Tod erleiden müssen, als sie euch in unserem Haus erschossen.

Jemand erzählte uns, dass die Stadtverwaltung jeden Morgen zwischen zwanzig und dreissig Tote von den Strassen aufsammelte.

Denkschriften wie diese waren schrecklich und konnten täglich gelesen werden. Sie füllten mein Herz mit Schmerz und Entrüstung. Ich hasste das durchdringende Böse, das dieses Land seit zehn Jahren überschwemmte. Amin war vor einigen Monaten aus dem Land geflohen, doch seine brutale Ausbeutung war zum Lebensziel geworden, das sich in unzählbaren Gräueltaten ausdrückte.

In einem Fall war unser Nachbar im Hotel betroffen. Früh an einem Morgen, Ende Dezember, erlitt Zephar, ein pakistanischer Bankangestellter, einen schweren Herzinfarkt in seinem Hotelzimmer. Jack fuhr Zephar ins Krankenhaus und betete dort für seine Heilung. Er erholte sich dann so schnell, dass er schon bald wieder «zu Hause» im Hotel war. Die ganzen asiatischen Muslime waren zutiefst beeindruckt durch die Antwort auf unser Gebet.

Doch nur ein oder zwei Tage später sahen wir Hotelangestellte die Möbel von Zephars Familie auf den Flur schieben! Sie traten ohne Vorwarnung in sein Zimmer ein und trugen Stühle und Teppiche zur Tür hinaus. Safuda, Zephars Frau, weinte und diskutierte mit ihnen. Zephar war sehr verärgert, doch die Hotelangestellten behandelten sie mit verächtlicher Gleichgültigkeit.

Sofort bestanden wir darauf, dass sie aufhören sollten. Jacks Ärger schien sie zur Vernunft zu bringen und sie stoppten das ganze dreckige Geschäft. Es schien, dass die Bank, in der Zephar arbeitete, es abgelehnt hatte, seine Hotelkosten zu zahlen, und nun sollten er und seine Familie vertrieben werden, ohne irgendeine Vorwarnung durch die Regierungsstellen, die das Hotel betrieben. Welch eine bittere Behandlung für einen Mann, der sich gerade von einem Herzinfarkt erholte! Wir beteten und gingen dann zu Freunden in der Regierung, die die Sache regelten.

Gerade als ich das raue und ungeordnete ugandische Leben so erschütternd empfand, griff Gott ein. Bischof Kauma von der Church of Uganda lud uns ein, mit ihm zu einem Konfirmationsgottesdienst in ein Dorf, etwa dreissig Meilen ausserhalb Kampala an der Bomba Road, zu kommen.

Der Bischof, ein sanfter und liebevoller Christ, gab uns das Gefühl, sehr willkommen zu sein. Wir fuhren über die grünen Hügel vorbei an den Häusern ohne Dach, die den nubischen Soldaten gehörten, die schon unter Amin gedient hatten. Die Dächer wurden von der Bevölkerung als Vergeltung für die Verbrechen der nubischen Leute abgerissen. Kinder mit Blumen bildeten einen Spalier auf dem Weg zur Kirche. Dies war ein ganz besonderer Tag. Das ganze Dorf war auf den Beinen, um den Bischof und uns willkommen zu heissen und um zu feiern und anzubeten. Vor dem Gottesdienst reichte man uns Tee,

Leberscheiben und hartgekochte Eier, alles mit grosser Feierlichkeit und Freude.

Jack war eingeladen zu predigen. Sein Thema war der zweifelnde Thomas. Ich sass an einem Ende des Kirchengebäudes, schaute hinaus auf das grüne Tal und beobachtete die weissen Wolken, die über den unbeschreiblichen blauen afrikanischen Himmel dahinzogen. Ich fragte mich: *Bin ich wie Thomas?* Er war voller Zweifel und Fragen, und so war ich auch. Wir beide hatten viele Schwierigkeiten, Gottes Absichten zu verstehen – und mir fiel es schwer zu sehen, wie irgendetwas Sinn machte im tobenden Bösen, das über das Land fegte. Ich war zutiefst besorgt über meinen Mangel an Liebe für Menschen und meine Unfähigkeit, mit all dem Bösen zurechtzukommen, dem ich ausgesetzt war.

Ich konnte sehen, dass die Treue zu sich selbst in Uganda extrem war. Das ging bis zum Punkt, das Land zu zerstören. Doch ich sah noch nicht, dass meine eigene Reaktion auf die tobende Selbstzentriertheit Teil des gleichen Herrschaftsanspruches des «Selbst» war. Solche Selbsterkenntnis konnte nur durch eine weitere Offenbarung von Gottes Gnade kommen, die jetzt passierte, als ich das Abendmahl nahm.

Als ich in der Kirche nach vorne ging, um das Brot und den Wein zu nehmen, war es mir, als ob Christus sagen würde: *Rose Marie, ich vergebe dir deine Angst, deinen Unglauben, deinen Mangel an Liebe für die Menschen in Uganda. Dieses Abendmahl ist die Erinnerung daran, dass mein Leib für dich gebrochen wurde, dieser Wein ist die Erinnerung an mein Blut, das zur Vergebung der Sünden vergossen wurde, für deine Sünden und die Sünden all derer, die hier glauben. Nimm die Vergebung für dich selbst und vergib dann, wie dir vergeben ist.*

Das Evangelium war auf meine Seele angewandt worden, und mein Herz antwortete mit Freude und Danksagung. Sehr zu Jacks Verwunderung sagte ich später: «Dies ist so ein wunderbares Land, ich könnte hier für immer bleiben.» Ich war als Sünder zum Abendmahl gekommen, und Jesus vergab die

Schuld meiner Sünde. Mit einem erneuerten Herzen liebte ich jetzt die Menschen.

Nach dem Gottesdienst traf sich das ganze Dorf auf der grünen, hügeligen Seite, um zu essen. Was für ein wunderbarer Nachmittag mit den ugandischen Frauen in ihren farbigen Kleidern, mit lachenden und umherrennenden Kindern! Jack und ich assen mit dem Bischof von dem wunderbaren Ziegenfleisch, *Matoke*, Reis, Erdnusssauce und gekochtem grünen Gemüse. Wir waren die Einzigen, die Gabeln benutzten.

Auf der Fahrt zurück nach Kampala hielten wir an, um eine arme Frau zu besuchen, die durch Amins Soldaten ihren Mann verloren hatte. Sie hatte zehn Kinder und fast nichts Materielles ausser ihrem kleinen Haus, ein paar Stühlen und ihrem dreckigen Fussboden, der sauber geputzt wurde. Aber sie war reich in ihrer Liebe für Christus. Es gab nicht das kleinste Anzeichen von Bitterkeit gegen Amin oder seine Anhänger. Als wir mit ihr beim Tee redeten, erklärte sie mit ihrer sanften, ruhigen Stimme, dass sie ihnen vergeben hatte und dass sie nichts als Liebe für ihre Feinde hätte.

Vor dem Gespräch war ich geschockt über das Böse im Land, doch nun war ich überwältigt von Christi Macht, die Gutes im menschlichen Herzen schaffen kann. Ich werde diese kleine Frau mit ihrer Freude und ihrem Glauben nie vergessen. Als wir ihr auf Wiedersehen sagten und ihr einige Geldmünzen gaben, wusste ich, dass sie in ihrem Herzen keine Waise war. Diese Frau hatte eine aussergewöhnliche Würde inmitten von grosser Armut und Leiden. Der Unterschied war die kindliche Einfachheit ihres Glaubens.

Grössere Dimensionen vom Bösen und von der Liebe

Hier lag nun das Problem für mich. Ich traf das Böse an jeder Ecke in Uganda. Bis jetzt beschränkte sich meine Vergebung anderen gegenüber auf einen kleinen Kreis – Familie, Gemeindeglieder und Menschen, die bei uns zu Hause wohnten. Jetzt wollte Gott von mir, dass ich lernte, Menschen in einem weiteren Umfeld zu vergeben und zu lieben. Gott wollte, dass ich selbst den Menschen vergab, die mir persönlich nichts angetan hatten, sondern anderen Gläubigen und anderen Gruppen von Menschen.

Bald kamen Regierungsmitglieder in unser Hotelzimmer und baten um Gebet für die Regierung. Dramatische Gebetserhörungen folgten immer und immer wieder, wenn wir beteten.

Ende Dezember kam zu meiner Freude der Rest unseres Teams in Entebbe an. Die Last des Dienstes wurde nun auf ein ganzes Team verteilt. Als David, Bob, Walter und Philip durch den Zoll kamen, sahen sie kräftig aus, voller Glauben. Bald schon taten sie alle verschiedene Dinge, doch eins wurde zu einem ungewöhnlich mächtigen Dienst – es war die Anbetung und das Predigen am Rand des Owino-Marktes und des Kesenyi-Slums.

In einer Predigt, die inmitten von Schmutz und Unrat gehalten wurde, sagte der grosse blonde David zu unserer üblichen Zuhörerschaft von Dieben, Prostituierten, Mördern und auch gewöhnlichen Leuten:

«In Uganda ist jedem von euch von irgendjemandem Böses angetan worden. Jeder von euch hat Schreckliches erfahren. Doch Gott ist König, und er stellt vor die eine Wahl: Übt Rache oder vergebt euren Feinden. Doch wenn ihr Rache an euren Feinden ausübt, werden sie sich wieder an euch rächen. Wo wird das enden? Der Kreislauf wird immer weitergehen. Vergebt euren Feinden und ihr werdet den Kreislauf durchbrechen und Gottes Weg kennen lernen, wie das Böse überwunden und euer Land erneuert wird.»

Am Tag, nachdem David gesprochen hatte, verlor Bob fast sein Leben, weil ein Mörder ihn versehentlich für einen CIA-Agenten gehalten hatte, der von der ugandischen Polizei angeheuert war, um diesen Mörder festzunehmen. Doch als die zwei sich trafen, predigte Bob ihm das Evangelium und der Mann bekehrte sich.

Von John lernte ich eine ganze Menge darüber, was in den Köpfen der Ausbeuter, Mörder und Vergewaltiger um mich herum vor sich ging, und auch etwas über die menschliche Natur. Der junge Mann war gierig, gewalttätig, aber auch misstrauisch und ungeheuer selbstgerecht gewesen. Er fühlte sich wie ein Opfer und war in Selbstmitleid gefangen, beschuldigte jeden ausser sich selbst für sein Benehmen. Kürzlich hatte er zwei Polizisten ermordet, um ihnen etwas heimzuzahlen, und bis zu dem Zeitpunkt, als er das Evangelium hörte, fühlte er sich total im Recht bei seinen Aktionen.

Als John redete, konnte ich sehen, wie sehr sein früheres Denken dem meinen ähnelte – erfüllt mit einem Gefühl des eigenen moralischen Überlegenseins. Als ich seine Geschichte hörte, sah ich, dass Selbstgerechtigkeit tiefgründig böse ist und dass sie unfähig macht, anderen vollkommen von Herzen zu vergeben, wie Jesus es in den Evangelien fordert. Es hält uns davon ab, unsere eigenen Sünden zu sehen (wie Stolz und Heuchelei), weil wir die allgemein bekannten vermieden haben (Römer 2). Dieses Empfinden unserer eigenen Vollkommenheit hindert uns daran, anderen zu vergeben, weil sie uns in unserer gerechten Überlegenheit verletzt haben. Es rechtfertigt unser Richten, Verurteilen und Hinter-dem-Rücken-Reden (Luk. 7,36–50; 18,9–14; Matth. 23; Gal. 5,15).

Doch wie half mir diese neue Einsicht? Nun, lass mich erzählen, wie die selbstgerechte Person sich im Inneren wirklich fühlt. Ich rede über mich selbst. Er oder sie ist dadurch zufrieden, dass das Etikett «böse» immer auf andere Menschen und ihre Taten gelegt wird, aber er oder sie legen dieses Etikett «böse» nie auf ihre eigene Selbstgerechtigkeit. So ist das innere Leben charakterisiert durch intensive Selbstverführung. Er oder sie sagt: *Ich bin das Opfer, andere haben mir Böses zugefügt. Ich verdiene das nicht. Ich bin berechtigt, mir selbst Leid zu tun und andere zu beschuldigen. Das ist alles nicht mein Fehler.*

Ich fand die Basis für eine wichtige Änderung in meinem Leben, indem ich zaghaft und zögerlich über meine selbstgerechte Opferhaltung sagte: *Das ist böse, das ist das Fleisch, nicht der Geist. Es ist ein Teil eines tobenden bösen Reiches, und es führt zu tödlichem Zorn, wenn nicht sogar zu Mord.*

Ich hatte irgendwie widerwillig zugegeben, dass da ein «Uganda» in meinem Herzen war. Ich musste Verantwortung dafür vor Gott übernehmen. Meine Schuldzuweisungen waren moralisch hässlich, so hässlich in mir, wie die des Hotelmanagers, der seinen Angestellten befahl, Zahphirs Familie zu vertreiben, oder wie die eines Raubmörders, der die Familie eines Mannes tötete. Dieses heilende Bekenntnis war ein Geschenk des Heiligen Geistes, der uns in Verbindung mit Gott bringt, indem er uns dazu beruft, im Licht zu wandeln.

Gnadenschimmer

Gott bringt uns in neue Situationen, um unseren Glauben zu stärken und neue Dimensionen für den Dienst zu geben.

- Manchmal empfinden wir Unbehagen, während Gott uns zu einem neuen «Ort» führt. Wenn wir jedoch fortfahren, im Glauben als zuversichtliche Söhne und Töchter Gottes zu leben, werden wir neue Wege und Manifestationen von Gottes Gnade und rettender Liebe sehen.
- Während wir das Böse in seinen vielen Arten sehen, lehrt es uns mehr über das Böse in uns selbst. Und das, was wir bereits über unsere persönlichen Sünden wissen, kann uns helfen, das Böse im grösseren Zusammenhang besser zu verstehen.

Gebet: Danke für die Macht des Blutes Jesu, meine Sünden zu vergeben – und die Sünden anderer Menschen. Hilf mir, das zu lieben, was du liebst, und das zu hassen, was du hasst. Hilf mir, Vergebung nicht nur Einzelnen zu gewähren, die mich persönlich verletzt haben, sondern auch den vielen Menschen und Gruppen, die andere verletzt haben – ja sogar ganze Gesellschaften und Nationen – durch ihre bösen Taten. Zeige mir, wie diesen Leuten Vergebung wirksam bewusst gemacht werden kann, so dass sie von Satans Methoden frei werden können. Amen.

Kapitel 12

Sich Gottes souveräner Liebe hingeben: Nicht länger eine Waise sein

Wir sollten ganz bewusst danach streben, zu Beginn eines jeden Tages die Person des Heiligen Geistes anzuerkennen, um in unserem Bewusstsein Licht bezüglich seiner Gegenwart zu haben und um unseren Sinn zu öffnen und all unsere Gedanken und Pläne mitzuteilen, während wir durch den Glauben in das Angesicht Gottes sehen. […] Wir sollten zu ihm sehen als dem Lehrer, Führer, Rechtfertiger, Geber der Gewissheit bezüglich unserer Sohnschaft und unseres Standes vor Gott. – Richard F. Lovelace, *Dynamics of Spiritual Life*

Das Abendlicht verging schnell, als wir zum Bahnhof von Nairobi fuhren. Bald schon hatten wir den Zug gefunden, der in Kürze nach Mombasa fahren würde. Der Zug gab einem das Gefühl, wie in *Jenseits von Afrika* in die Tage des Britischen Empires zurückversetzt zu sein.

Jack und ich dankten unseren Missionsfreunden Sandy und Grace Campbell dafür, all die Reisevorbereitungen getroffen und uns zum Bahnhof gefahren zu haben. Wir winkten ihnen ein fröhliches «Auf Wiedersehen» zu. Wir waren jetzt mit dem Nachtzug von Nairobi auf dem Weg nach Mombasa, nachdem wir vor zwei Tagen von Entebbe hergeflogen waren. Dies war unsere Zeit für Ruhe und Entspannung. Als wir den Zug bestiegen, zeigte uns ein freundlicher Bediensteter unser Schlafwagenabteil. Es war wunderbar altmodisch mit poliertem Holz und stabilen Betten, ein Überbleibsel vergangener Tage.

Zum Abendessen gingen wir in den Speisewagen, dessen Innenausstattung im viktorianischen Stil war. Jeder Tisch hatte sein eigenes kleines Lämpchen mit Fransen am Schirm. Das Licht reichte gerade, um unser Essen und uns selbst zu sehen. Das gar nicht teure Essen war köstlich, reichlich und wurde mit Stil serviert. Es machte Spass, zusammen zu essen, ohne Druck zu haben. Wir erzählten und erzählten bis nach dem Dessert und Kaffee, wie zwei Kinder, die im Urlaub sind. Wir liessen alle Dinge in Uganda Revue passieren und stellten fest, dass wir ein ganzes Leben in ein paar Monaten gelebt hatten.

Am Morgen wurden wir durch eine Glocke geweckt und der Schlafwagenschaffner brachte uns eine Tasse Tee. Nachdem ich mich reckte, um wach zu werden, öffnete ich das abdunkelnde Holzfenster und sah, wie mich dicht am Zug eine sehr grosse Giraffe anstarrte. Was für eine herrliche Szene für den Beginn meines Urlaubs! Es war ein schönes Gefühl, in diesem oft ehrwürdigen Hafen am Indischen Ozean angekommen zu sein. Hier konnte ich mich entspannen, im Indischen Ozean schwimmen und mich erholen. Aber wieder einmal stellte sich heraus, dass Jack und ich unterschiedliche Pläne hatten.

Als wir den Zug verliessen und in die schwüle Atmosphäre von Mombasa eintraten, wurden wir von Missionarsfreunden von Sandy und Grace empfangen. Sie fuhren uns zu einem Gästehaus in der Nähe des Strandes. Auf dem Weg dorthin wurden wir eingeladen, am Abend mit ihnen zusammen muslimischen Asiaten Zeugnis zu geben, die sich in einem Park trafen, von wo man den Schiffskanal überblicken konnte. Jack war bereit zu gehen, und da ich nicht alleine bleiben wollte, sagte ich auch zu.

Eine Stunde vor Sonnenuntergang wurden wir zum Park gebracht, den viele muslimische Familien besuchten. Sie lachten und assen sehr scharfe Sachen. Bald schon gab einer der Missionare Jack das Mikrofon und bat ihn zu predigen. Er stimmte etwas zögerlich zu. Viele der Muslime waren ziemlich weit weg, und nicht mal einer schaute in seine Richtung. Es war wie ein Predigen ohne Zuhörerschaft – und das ist etwas, was er gar nicht mag. Er dachte, er müsse ihre Aufmerksamkeit gewinnen, wusste aber nicht wie.

In der Zwischenzeit hatte ich eine Bank gefunden, von wo ich den blau-grünen Kanal überblicken konnte. Ich beobachtete fasziniert ein stattliches Schiff, das in den Hafen einfuhr. Die Luft war angenehm erfrischend durch eine leichte, kühle Brise. Ich war weit weg von dem, was hinter mir vor sich ging. Doch plötzlich hörte ich über den Lautsprecher: «Meine Frau, Rose Marie, wird nun über die christliche Ehe zu euch sprechen – wie Christi Liebe uns hilft, zusammenzuleben.»

Ich war geschockt, ich hasse Überraschungen wie diese. Doch aus Pflichtgefühl heraus ging ich zum Mikrofon und sagte einige Sätze. Nun war alles für mich zerstört. In meinem gewöhnlichen «Waisen»-Verhaltensmuster unterdrückte ich meinen Zorn. Auf einigen Ebenen konnten Jack und ich gut miteinander sprechen, und die «Mauern» zwischen uns waren weitgehend weg. Doch manchmal fiel es mir immer noch schwer, Jack zu sagen, wie ich die Dinge sah, besonders dann, wenn es den Dienst betraf. Ich hatte immer den Gedanken, dass wenn Jack dafür war, Gott auch dafür sein würde und ich besser mitmachen sollte – oder ich würde grosse Probleme haben.

Drei Wochen später packten wir unsere Sachen in Uganda zusammen und machten auf unserem Weg nach Hause einen Zwischenstopp in Genf in der Schweiz. Ich liebe Berge, doch selbst ein paar Tage mit traumhaften Aussichten auf die Berge brachten meinen Geist nicht zur Ruhe. Ich wurde immer unruhiger. Der Heilige Geist, mein Störer, war mal wieder an der Arbeit. Wir sollten am nächsten Tag nach New York fliegen. Es war kalt, doch ich kaufte Brot, Käse und Früchte in einem nahe gelegenen Geschäft mit der Absicht, ein Picknick am Genfersee zu machen.

Als Jack und ich an einer Strasse nahe des Ufers entlang gingen, kamen all die kürzlich unterdrückten Feindseligkeiten wieder an die Oberfläche. Ich fühlte, wie ich all meine Zurückhaltung aufgab. Ich weinte leise, dann folgte ein Schluchzen, tiefes Schluchzen.

Jack schaute sprachlos, verlegen – dann sehr verlegen. Zwei oder drei gut gekleidete Damen gingen vorbei, das Klappern der hohen Absätze war zu hören. Ich beachtete sie nicht. Dann, mitten auf dem Bürgersteig, brach es aus mir heraus: «Warum konnte ich damit nicht umgehen? Warum war Uganda so hart? Warum bin ich so oft zusammengebrochen? Warum war ich so böse auf dich in Mombasa? Warum wollte ich nicht sprechen?»

Er sagte ganz ruhig: «Rose Marie, *du benimmst dich wie ein Waisenkind*. Du lebst oft so, als ob der Heilige Geist nie gekommen wäre und dir nicht helfen könnte, an unmöglichen Orten zu leben und das Unmögliche zu tun. Du handelst, als ob es keinen Vater geben würde, der dich liebt.»

Der Heilige Geist nahm diese unvergesslichen Worte und presste sie in mein Herz. Er hat Recht, dachte ich, genau das ist es, wie ich bin. Zu Jacks Überraschung hörte ich auf zu weinen und gab ihm sein Taschentuch zurück. In meinem Herzen betete ich: *Herr, Jack hat Recht, ich benehme mich wie ein Waisenkind; bitte, bitte hilf mir, wie eine Tochter zu handeln.*

Ich hatte immer den Gedanken, dass wenn Jack dafür war, Gott auch dafür sein würde und ich besser mitmachen sollte – oder ich würde grosse Probleme haben.

In den nächsten Monaten war ich beeindruckt und ermutigt von der Art und Weise, wie Gott fortfuhr, mein Herzensanliegen zu beantworten, nicht wie ein Waisenkind zu denken und zu handeln, sondern mich auf den Geist des Vaters zu verlassen wie ein Kind, das ihm vertraut. Das Leben wurde viel einfacher und mein positiver Einfluss auf andere nahm zu.

Die Veränderung in mir war vermutlich am meisten in meinem Verhältnis zu Barbara zu sehen. Als Jack und ich nach Hause kamen, riefen wir sie in Kalifornien an, wo sie gerade an ihrer Doktorarbeit an der Stanford Universität arbeitete. Sie hatte Angelo geheiratet und wir wollten ihr gratulieren. Jack erzählte ihnen ausführlich, was alles in Uganda passiert war. Dann war ich an der Reihe. Der Heilige Geist gab mir eine Freiheit und Ehrlichkeit, die nichts vorspielte. Ich erzählte ihr die Einzelheiten von Jacks und meiner Unterredung in Genf.

Als ich fertig war, sagte Barbara mit Tränen in ihrer Stimme: «Mama, genau so bin ich auch. Ich benehme mich wie ein Waisenkind, als ob es keinen Gott geben würde, der sich um mich sorgt und mich liebt.»

Endlich waren die Mauern gebrochen und wir fühlten ehrliche Liebe zwischen uns. Sie nannte sich selbst nicht mehr eine «feministische Sozialistin», und ich versuchte auch nicht mehr, die «vorbildliche Christin» zu sein. Das war wahrlich die Arbeit des Heiligen Geistes.

Einige Wochen später rief uns unsere Schwiegertochter Jill an: «Mama und Papa, ihr müsst Barbara anrufen. Sie hat schon versucht, euch zu erreichen. Sie ist Christ geworden!» Unsere Herzen und Lippen sangen Loblieder zu Jesus. Was für ein wunderbares Werk des Heiligen Geistes, zwei Waisenkinder zu sich zu bringen! Einen Monat später wurde auch Angelo, ein weiteres «Waisenkind», Christ. Das war eine aufregende Zeit!

Ich wurde jetzt ein Beobachter des gnädigen Wirkens Gottes. Als Barbaras Semester zu Ende war, entschieden sie und Angelo sich, wieder nach Hause umzuziehen. Es war ein wunderbares Nachhausekommen! Sie blieben bei uns, bis sie eine Wohnung in Philadelphia bezogen. Angelo ging zum Seminar und Barbara unterrichtete Kinder der siebten und achten Klasse einer innerstädtischen christlichen Schule.

Langsam und manchmal auch schmerzhaft lernte ich, als Tochter Gottes dem Rat des Heiligen Geistes zu vertrauen. Wenn schwierige Situationen eintraten und ich mich hilflos fühlte, lernte ich, nach Hilfe zu schreien. Wie dem auch sei, eine Tochter fürchtet nie ihren liebenden Vater, wenn schwierige Zeiten kommen – sie wendet sich an ihn, um Hilfe zu bekommen! Es gibt keine Schuld, kein sich Zurückziehen oder Selbstmitleid. Manchmal gab es in diesen Krisen ein Sündenmuster in meinem Leben, das mir gezeigt werden musste, so dass ich es bekennen konnte. Durch all diese Dinge wirkte Gott in meinem Leben und gab mir eine tiefere Gewissheit von der Liebe des Vaters.

Die Aufgabe des Heiligen Geistes ist nicht nur, uns beten zu lehren und wie ein Sohn oder eine Tochter zu glauben, sondern auch im heissesten Feuer der Anfechtung so zu handeln. Wenn wir versuchen, sie mit eigener Kraft zu bestehen, verbrennen wir uns. Die Aufgabe des Heiligen Geistes ist es, uns unsere Hilflosigkeit zu verdeutlichen und dann den Ausweg zu bahnen. Manchmal ist der Ausweg der, dass wir nichts tun, so dass er uns herausholen kann. Andere Male löscht er das Feuer. Doch immer besteht seine Arbeit darin, die selbstzentrierte Haltung unseres Herzens zu zerstören, um sie durch eine Haltung zu ersetzen, die sich in dem Willen des Vaters freut und ihn tun will. Das bedeutet, wie Jesus zu handeln.

Wie dem auch sei, eine Tochter fürchtet nie ihren liebenden Vater, wenn schwierige Zeiten kommen – sie wendet sich an ihn, um Hilfe zu bekommen!

Weitere schwierige Prüfungen des Glaubens

Anfang Mai 1980 erreichte uns die Nachricht von Uganda, dass die Regierung von Präsident Godfrey Benaisa durch eine Militärjunta gestürzt worden war, die von Tansania unterstützt wurde, welche wiederum Milton Obote, den früheren ugandischen Präsidenten, an die Macht bringen wollte. Viele Glieder der neuen Gemeinde waren Unterstützer von Benaisas Koalitionsregierung. Nun waren wir besorgt, dass wenn der frühere Präsident Obote von Tansania zurückkehrte, sie Verfolgung leiden würden. Nach nur wenigen Tagen waren wir auf dem Weg nach Kampala.

Dieses Mal kam ich mit einer neuen Freude und einem Bewusstsein von Christi Gegenwart am Flughafen von Entebbe an. Die Löcher der Gewehrkugeln waren noch immer da, und es waren auch viel mehr Soldaten und Militärfahrzeuge auf der Rollbahn geparkt. Wir wurden nicht wie VIPs durch den Zoll geschleust wie bei unserer ersten Reise, sondern wurden behandelt wie jeder andere auch – vielleicht sogar ein wenig schlechter. Im Hauptgebäude konnte man die Stimmung des Misstrauens fühlen, die mit der neuen Regierung einherging.

In den folgenden Tagen und Wochen wurden wir mit einem strengeren Uganda konfrontiert, feindseligen Soldaten an Kontrollpunkten und einer schlechteren Stimmung im Hotel, wo viele unserer Freunde noch immer wohnten. Es gab jetzt Schiessereien auch während des Tages. Abgesehen von den offensichtlichen physischen und emotionalen Kämpfen setzte Satan alles daran, um unsere Freude zu attackieren.

Bei meinem ersten Besuch in Uganda hatte ich gelernt zu überleben. Doch jetzt war ich bereit, eine Wirkung zu hinterlassen. Der Heilige Geist war der Urheber meiner Freude, und diese neue Qualität in meinem Leben half, dass ich mich vergessen konnte. Er gab mir dabei einen Mut, der ausschliesslich von ihm kam. Als wir eines Tages zum Predigen auf den Owino-Marktplatz kamen, sahen wir überall bewaffnete Soldaten. Jemand hatte hier vor ein paar Tagen einen Soldaten erschossen, und offensichtlich als Vergeltung waren in der Nacht zuvor drei Bürger von Soldaten erschossen worden. Es hatte geregnet und das Wasser vermischte sich mit ihrem Blut. Der Bürgersteig und die Strasse schimmerten im Sonnenlicht von dem blutigen Regenwasser.

Wir entschlossen uns, auf dem grossen offenen Platz zwischen dem Nationalstadion und dem Markt zu predigen. Die Situation war furchtbar angespannt. Eine Gruppe von Soldaten, die Dschungeltarnung trugen, und ihre Offiziere in ihren grünen Uniformen versuchten, verdächtige Widerstandskämpfer zu fassen, als die Menschen aus Owino herauskamen und zum Busparkplatz gingen.

Mit unserem Team sangen wir Chorusse in Luganda und zogen dabei die Massen an. Bald schon war eine grosse Menge Leute um Jack, unsere jungen Leute und mich herum versammelt, die unseren Liedern und Zeugnissen zuhörten. Am Eingang des Marktes sahen wir eine andere Gruppe, die sich um die Soldaten scharte, die wiederum nach verdächtigen Widerstandskämpfern suchten. Diese Menge wuchs an Zahl und bewegte sich immer dichter um die Soldaten herum. Wir wussten, dass das Töten jeden Moment beginnen konnte, wenn die Soldaten in Panik gerieten. Wenn sie einmal mit ihren automatischen Waffen schiessen würden, würden sie vermutlich auch uns treffen. Doch wir wussten auch, dass wenn wir dort blieben und Gott anbeteten, es unwahrscheinlicher wäre, dass sie Zivilisten töteten.

Die Soldaten hatten einige junge Leute zusammengetrieben und sie in ein Polizeiauto verfrachtet. Das Ganze hatte eine komische Seite an sich, denn die jungen Verdächtigen, die auf der einen Seite in die Polizeiautos einsteigen mussten, kletterten auf der anderen Seite wieder heraus. Doch die Menge um die Soldaten wurde grösser und drängte sich immer dichter heran. Dann entsicherten die Soldaten ihre Gewehre und dem Entsichern folgte eine Panik. Als sie die automatischen Waffen auf die Zivilisten richteten, bereit zu schiessen, brach die ganze Menge auseinander und begann zu rennen – in unsere Richtung.

Bald schon erreichte der Massenandrang unsere Gruppe, und diese armen Leute begannen panisch zu werden. Die Menschen kamen als Woge der Angst zu uns, aber keiner der ugandischen und amerikanischen Christen bewegte sich. Der Herr befähigte uns, dort zu stehen und zu singen und zu predigen. Hätten nicht die Engel uns bewahrt, wären einige von uns zertrampelt worden. Jack nahm meinen Arm und hielt mich aufrecht, so dass ich nicht unter ihre Füsse fiel.

Trotz seiner gebräunten Haut wurde Jack bleich, aber er fuhr fort zu predigen. Als er aufhörte zu sprechen und einer der Ugander mit dem Predigen fortfuhr, sagte ich: «Dein Gesicht ist weiss!» Er grinste und sagte: «Was du nicht sagst. Aber wir können hier jetzt nicht weg, sonst erschiessen die Soldaten die Leute.»

Das Wunder war, dass ich keine Angst hatte. Ich fühlte die Gegenwart der Engel um uns herum, als wir Gott priesen, der über das Chaos erhaben war. Die Frau, die immer Kontrolle brauchte, fand Freude darin, Gott zu vertrauen, der die Kontrolle über das Chaos hat. An diesem Tag töteten die Soldaten niemanden.

Grössere Vergebung

Während unseres dritten Aufenthaltes in Uganda, 1982, lebten wir zusammen mit unserer Tochter Keren, ihrem Mann Bob und anderen Mitarbeitern in einem kleinen Haus am Rand von Kampala. Nach einer unruhigen Nacht, die mit dem Getöse von Bomben und Raketen erfüllt war, entdeckten wir, dass wir in einer Gegend lebten, wo viele Dissidenten waren. Es hatte einen Umsturzversuch auf die Obote-Regierung gegeben, der in unserer Gegend begonnen hatte. Der darauffolgende Tag war erfüllt mit dem Lärm von Gewehrfeuer, den Schreien von Männern und Frauen und dem Geräusch von Bussen, die mit Männern und Jungen gefüllt waren. Zehntausend Männer wurden durch die Obote-Regierung gefangengenommen, viele wurden geschlagen und getötet.

Am Tag danach ging ich durch die Kampala Road zum Markt, als der Heilige Geist mir in Erinnerung rief: «Mein ist die Rache, ich will vergelten. Lass dich nicht vom Bösen überwinden, sondern überwinde das Böse mit dem Guten» (Röm. 12,19.21). In diesem Moment übergab ich mich der Fürsorge Gottes. Er gab mir die Gnade, bezüglich der vielen Gräueltaten auf seine souveräne Kontrolle zu vertrauen. Ich hatte in Uganda Soldaten gesehen, die aus Angst, Zorn und Stammeshass getötet hatten, Diebe, die stahlen und mordeten und auch gedankenlose und gierige Bürokraten. Ich hatte gelernt, in der

Vergebung Gottes für meine Sünden zu ruhen, und ich hatte gelernt, meinem Mann und der Familie zu vergeben. Doch ich hatte nicht gelernt, dass die Vergebung eine umfassende Seite hat. Du musst total und immer vergeben. Es gibt keinen Platz für brütende Bitterkeit in einem Christen, egal, wie die Ungerechtigkeit aussieht.

Da ich fühlte, dass mein Zorn über Ugandas Situation gerechtfertigt war, übersah ich eine fundamentale geistliche Realität: Selbst einen gerechten Zorn zu behalten, ist gefährlich für die Seele. Eine gerechte Entrüstung hat ihre Berechtigung für eine kurze Zeit – die Gräueltaten und Ungerechtigkeiten, die ich bezeugen konnte, machten das Herz Gottes sicher zornig –, aber unbewusst hatte ich meine Entrüstung in eine zornige Laune umschlagen lassen.

Doch Gott war gut. Er liess das Licht des Heiligen Geistes in mein Leben scheinen, um mich wissen zu lassen, dass ich mich von meinem sicheren Fundament in Christus wegbewegt hatte. An einem Punkt liess mich ein guter Freund den Mangel an Vergebung in meinem Leben sehen. Ich nahm ein Stück Papier heraus und schrieb alles auf, was mich über die Leute und die Ereignisse in Uganda zornig gemacht oder aufgebracht hatte. Ich ging die Liste durch und vergab alles und jedem, an das und an den ich mich erinnern konnte. Als ich das zweite Mal die Liste durchging, bat ich Gott, mir meinen eigenen Stolz, meine Selbstgerechtigkeit und Herzenshärte zu vergeben.

Ich hatte mich Gottes Willen gebeugt und fand neue Kraft, um den nächsten schwierigen Schritt zu gehen. Ich bat Gott, alle Leute auf der Liste zu segnen. Petrus schreibt: «Vergeltet nicht Böses mit Bösem oder Scheltwort mit Scheltwort, sondern im Gegenteil segnet, weil ihr dazu berufen worden seid, dass ihr Segen erbt» (1. Petr. 3,9). Dies war der schwierigste Teil. Ich dachte: *Sie haben den Segen nicht verdient. Aber dann hätte ich den Segen auch nicht verdient. Wie auch immer, ich brauche Gottes Segen und die Verheissung ist, wenn ich segnen werde, werde ich auch gesegnet sein.* Der erste Segen war, dass ein besorgtes Gewissen frei wurde, während ich meine Bitterkeit dem einzig gerechten Richter hingab.

Gnadenschimmer

Wenn wir unsere Waisenart Gott gegenüber zugeben, dann kommt der Geist in das Leben und übernimmt einfach mit Macht die Führung, um in uns zu bewirken, dass wir andere wirklich lieben und den Willen des Vaters tun.

- Es ist die Natur des Dienstes des Heiligen Geistes, uns in eine völlige Abhängigkeit von Gott und Unabhängigkeit voneinander zu führen. Seine Gegenwart bringt Gnade und Freude in die schwierigsten Umstände.

Gebet: Himmlischer Vater, danke für unsere Beziehung zu dir und untereinander durch das Wirken des Heiligen Geistes. Danke für die Gnade, die uns befähigt, mit selbstvergessender Freude und Mut zu leben, weil wir deiner souveränen Kontrolle über unser Leben vertraut haben.

Epilog

Du hast den besten Wein bis jetzt zurückgehalten. [...] Jetzt sind wir nicht länger Ochsen, die unwillig auf einer unangenehmen Strasse hin und her geschubst werden, sondern Söhne, die ganz und gar mit ihrem Vater kooperieren. [...] So sind sie nun in die zweite Dürre beendende Erfahrung eingetreten mit «dem besten Wein», der an ihre Lippen gehalten wird, während die sanfte Stimme des Meisters sagt: «Trinkt, ja, trinkt reichlich, ihr Geliebten. Denn so wird dein Blatt grün sein, wenn die Hitze kommt.» – *Isobel Kuhn, Grüne Blätter in der Dürre*

Albrecht Dürer besuchte einmal Bellini, einen italienischen Maler der Renaissance. Der grosse deutsche Meister ging durch Bellinis Studio, als Bellini zu ihm sagte: «Bevor du weitergehst, möchte ich, dass du mir einen der grossen, wunderbaren Pinsel gibst, mit denen du menschliches Haar malst.» Dürer lehnte sich rüber und nahm einen von Bellinis eigenen Pinseln, tauchte ihn in Farbe und mit einer kleinen Bewegung seiner Hand hinterliess er auf einer nahe gelegenen Leinwand eine Haarlocke, wobei jedes Einzelne der Haare perfekt dargestellt war.

Jack und ich lernten, dass wir gewöhnliche Pinsel sind, die in der Lage sind, die Leinwände unseres Lebens zu ruinieren. Es gibt nur einen Grund, warum wir nicht unsere Ehe ruinierten. Der Grund war in der Hand zu finden, die den Pinsel hielt. Unser Vater wusste, wie er schwache, begrenzte, eigensinnige Menschen wie uns benutzen konnte, um sein eigenes Bild mit jedem Haar an seinem Ort zu schaffen.

Nachdem Kerens und Bobs Zeit in Uganda beendet war und sie nach Hause gingen, hatte ich mit einer grossen Einsamkeit zu kämpfen. Es ist so einfach, wenn man unter Dampf steht, zu vergessen, dass «Sünde an der Tür lauert». In meiner Einsamkeit beschuldigte ich Jack wieder, dass er mich nach Uganda gebracht hatte. Ich sagte zu ihm: «Ich habe es satt, immer von deinen Plänen bestimmt zu werden. Wenn wir nach Hause fahren, werde ich nie wieder hierher zurückkommen.»

Auf diesen letzten Reisen war ich nicht wirklich von Jacks Plänen bestimmt worden. Trotzdem entschied er, dass der beste Weg für ihn der wäre, wenn er alleine zu kleineren Reisen zurückkehren würde. Es geschah auf der nächsten kurzen Reise, dass er einen schweren Herzinfarkt erlitt.

Bevor ich meine Vorbereitungen traf, um nach Uganda zu reisen, damit ich während seiner Krankheitsphase bei Jack sein konnte, musste ein wichtiges Problem gelöst werden: Würde ich als eine Waise oder eine Tochter gehen? Gott ermutigte mich freundlicherweise mit 2. Mose 33,12–14.

Mose hatte zu Gott gesagt: «Du sagst zu mir: Führe dieses Volk hinauf! – aber du hast mich nicht erkennen lassen, wen du mit mir senden willst, [...] Und nun, wenn ich also Gunst gefunden habe in deinen Augen, dann lass mich doch deine Wege erkennen, so dass ich dich erkenne.» Auch ich musste wissen, dass ich nicht alleine nach Uganda gehen würde. Ich las weiter: «Mein Angesicht wird mitgehen und dich zur Ruhe bringen.»

Der Geist offenbarte meinem Herzen die Liebe des Vaters und ich glaubte. Mein Herz gab sich in kindlichem Vertrauen hin. In diesem Moment wusste ich, dass Gott bei mir war. Nun war ich gewillt und bereit zu gehen. Ich war Gott durch das Wunder der Gnade nahe gekommen, das in meinem Leben arbeitete. Es gab nicht die Spur von Verurteilung durch ihn. Ich erlebte durch seine Gnade ein aktives mich Hingeben an seinen Willen. Ich wusste, dass ich die Boeing 747 mit den Worten *Abba, Vater*, in meinem Herzen besteigen konnte. Ich ging nach Uganda nicht als Waise, sondern als Tochter.

Später erzählte mir ein Freund: «Rose Marie, ich konnte nicht glauben, wie ruhig du warst.» Ich lernte, was Hingabe im Leben eines wahren Sohnes bzw. einer wahren Tochter ist. Von dieser Zeit an war ich bereit, überall in die Welt zu gehen.

Hingabe mit Freude ist die Gegenwart des Heiligen Geistes, der unser Leben füllt. Das ist das, was an mir geschehen ist. Ich kannte die Zustände des Ortes, an den ich zurückkehrte. In Uganda hatte sich nicht sehr viel verändert. Zu diesem Zeitpunkt wusste ich noch nicht einmal, ob Jack noch leben würde, aber ich konnte das mit Freude aushalten, weil Gott bei mir war. Wo der Geist Gottes ist, da ist Freiheit. Bis jetzt hatte ich mich Jacks Arbeitsabläufen und Gottes Plänen aus Pflicht untergeordnet, was genau der Waisen-Mentalität entspricht, «verzweifelt bemüht, anderen zu gefallen, um dann dadurch geliebt zu werden».

Konnte ich der Hand vertrauen, die die Pläne und Prioritäten meines Mannes führte? Konnte ich seiner Hand vertrauen bezüglich der Angelegenheiten von Menschen und Nationen? Mehr noch, konnte ich ihm vertrauen, mich nach Uganda zu bringen ohne ein Visum? Würde er Jack am Leben erhalten und ihn zu voller Lebenskraft zurückführen? Dies waren keine Fragen, die von Unglauben bestimmt waren. Diese Fragen waren die Basis für meine Gebete, und mein Herz antwortete: *Ja Herr, ich glaube.*

Das starke Bewusstsein der Gegenwart meines himmlischen Vaters trug mich durch die lange Reise. Sie trug mich durch die Passkontrollen und direkt an die Seite von Jacks Bett. Ich umarmte ihn mit einem Gefühl der Erleichterung und Freude, dass er noch am Leben war.

Jack war immer eine starke Person. Aber jetzt war er das Bild der vollkommenen Schwachheit; sein Gesicht war weiss, von roten Flecken entstellt. Seine Gedanken wanderten manchmal weg, wenn ich mit ihm redete. Ich empfand das als beängstigend. Auf dem Weg zu unserem Haus in Kampala betete ich unter Tränen für seine Genesung.

Ich beschloss, mich nicht von seiner Schwachheit oder meinen Ängsten überwinden zu lassen und sagte zu Jack: «Dein Dienst ist nicht zu Ende. Egal, wie schwach du bist, du wirst weitermachen und über die Gnade reden, auch wenn du das im Bett mit einem Kassettenrecorder tun musst.»

Wissend, dass Hunderte von Leuten zu Hause beteten, bat ich auch in Uganda um Gebet für Jack. Bald schon war seine geistige Abwesenheit verschwunden, seine EKG-Werte verbesserten sich und seine Gesichtsfarbe wurde wieder normal. Am Ende der Woche wurde sein Zimmer ein Zentrum der Evangelisation und Seelsorge.

Während der Genesung von Jack drang ich tiefer in das Herzstück der Gnade ein. Es dämmerte mir, dass die Gerechtigkeit Gottes durch den Glauben eine perfekte Gerechtigkeit ist. Gottes makellose Gerechtigkeit war meine. Ich verstand jetzt, warum Gott mit mir zufrieden war, obwohl ich so oft nicht im Frieden mit mir selbst oder den Umständen war. *Nichts, das ich tun konnte, konnte jemals Gottes Haltung zu mir ändern.*

Mein Herz fühlte den tiefgehenden Klang dieser Wahrheit. Ich gehörte zu ihm. Ich war lebendig wegen Christus. Es gab so viele ungesunde Kämpfe in meinem Leben – Kämpfe um einen guten Ruf, indem ich versuchte, eine vollkommene Familie herzustellen, Kämpfe mit Jack, Kämpfe für persönliche Heiligung, Kämpfe, damit ich in Uganda bleiben konnte. Dies war alles ein Teil meines Verlangens, etwas mehr zu tun, das mir irgendwie den sicheren Platz bei Gott und Menschen geben würde und meine tiefsten Sehnsüchte als Person und als Frau stillen würde.

Jemand fragt vielleicht: «Aber würdest du sagen, dass Gott uns in unserem Sündigen liebt?»

Natürlich tut er das. Das ist der zentrale Punkt des Evangeliums. Er liebt nicht unser Sündigen, er hasst Sünde, aber Gott fährt fort, seine Töchter und Söhne zu lieben. Für eine Zeit entzieht er uns vielleicht die Erfahrung seiner Gegenwart, um uns aus unseren sündigen Gewohnheiten und Handlungen aufzuwecken, aber er nimmt niemals seine Gnade von uns weg, denn die ist alleine auf das Blut und die Gerechtigkeit Jesu Christi gegründet.

Ich erinnere mich noch gut daran, wie ich einst die Antworten auf meine Fragen in all den christlichen Lebenshilfebüchern suchte. Das Problem war, dass es eine Hilfe war, die der Person geholfen hatte, die das Buch geschrieben hatte. Ich realisierte nicht, dass Gott von mir wollte, dass ich den *Glauben* anderer Christen nachahmte, aber nicht notwendigerweise ihre Verhaltensmuster und Techniken, durch die der Glaube in ihrem Leben zum Ausdruck kam.

Wie dem auch sei, was ich jeweils in diesen Büchern vermisste, war das Fundament, das mir jetzt so wertvoll ist. Heute arbeite ich und mache Fehler und sündige oft, aber alles in der wachsenden Erkenntnis, dass meine Rechtfertigung durch Jesus mich in eine ganz neue Beziehung zum Vater gebracht hat.

In gewisser Weise schreibe ich dies mit Furcht und Zittern. Ich kämpfe noch immer mit meinen unterschiedlichen Launen. Doch ich habe einen Anker in meiner Seele. Ich weiss, dass Gnade immer für Söhne und Töchter da ist, die wissen und zugeben, dass sie nicht für sich selbst sorgen können. Als Teil der Familie Gottes bin ich hungrig nach Gott und seiner Gnade, und merkwürdigerweise ein Bettler, der alles braucht, was Christus zu geben hat. Die Gnade überrascht mich immer wieder durch die Wunder von Gottes unendlichem Erbarmen. Doch sein unendliches Erbarmen bedeutet wenig, wenn ich nicht eine unendliche Not habe

Ich habe unter der geduldigen Leitung des Heiligen Geistes gelernt, dass ich kein Opfer der Vergangenheit bin, auch nicht von Jacks Entscheidungen oder von Umständen, die ausserhalb meiner Kontrolle lagen. Ich verstehe, dass der Druck und Stress des Lebens mich zwingen, mich mit mir selbst und mit

Gott zu beschäftigen. Wenn ich aufhöre, Jack zu beschuldigen, dass er Druck auf mich ausübt, dann bin ich frei, in meiner Beziehung zu ihm ehrlich zu sein. Als Gott unsere stolzen Herzen voreinander gedemütigt hatte, haben wir beide gelernt, dass Gnade unser Leben kontrollieren würde. Jacks Demütigung ging in die Richtung, mich nicht länger zu dominieren, keine Entscheidungen zu treffen, ohne nicht vorher mit mir gesprochen zu haben, und nicht immer einen Rat zu geben, wenn ich eine Not äusserte. Meine Demütigung war, gleich zu lernen, ihm zuzuhören, ihn zu respektieren und mich ihm unterzuordnen. Wir konnten dann die Probleme gemeinsam durchbeten, indem wir auf den Geist warteten, dass er uns in Weisheit und Einheit leitete. Ich habe gelernt, der Vorsehung Gottes zu vertrauen, die durch die Entscheidungen des Ehemanns zum Tragen kommt – seien sie gut, schlecht oder neutral. Wie Sarah damals, will ich der Angst keinen Raum geben (1. Petr. 3,6).

Aber was ist eigentlich, wenn wir uns beide einmal nicht einig sind? Das passierte uns, als wir erwogen, meine Mutter im Alter von neunundneunzig Jahren in ein Pflegeheim zu geben. Mutter hatte ihre Hüfte gebrochen und war extrem schwierig und unverantwortlich in ihrem Benehmen. Jack, der sich von einer schweren Krankheit erholte, war emotional und physisch schwach. Als er sagte, dass sie in ein Pflegeheim sollte, zögerte ich. Es war eine Zeit von Spannung und Stress für uns beide und drohte, unsere Beziehung zu spalten. Erschwerend für mich war, dass fast alle meiner Kinder dafür waren, dass wir Mutter zu Hause behielten.

An einem Tag legte ich meinen Kopf auf den Tisch, schluchzte und weinte vor Gott: «Ich weiss nicht, was ich tun soll!» Ganz leise kam der Gedanke: *Rose Marie, du weisst, was du tun sollst. Es ist Zeit zu erkennen, dass du deine Mutter nicht dadurch beschützen kannst, dass du das Leben für sie angenehm und sicher machst. Jack sollte dein Hauptanliegen sein. Gib dich seiner Führung hin.* In der Hingabe fühlte ich Gottes Gegenwart und Frieden mit Jack.

Ich begann andere einzuladen, sich mir in dieser Verbundenheit mit dem Vater durch die Gemeinschaft des Heiligen Geistes anzuschliessen. Mein Dienst wurde jetzt ein Dienst, der anderen Frauen Hoffnung brachte. Ich arbeitete besonders in dem Gebiet, ihnen zu helfen, unterscheiden zu lernen zwischen einem Leben, um Anerkennung von anderen zu gewinnen, indem man zu viel von sich selbst erwartet, oder einfach einem Leben, das in der Anerkennung Gottes ruht. Ich ermutigte sie auch, den Heiligen Geist zu bitten, dass er ihr Lehrer, Seelsorger und Offenbarer Christi für ihre Herzen sein würde.

Hier war ich, der Kämpfer und Rebell, die defensive Frau und Mutter, und ein guter Teil davon verblasste in meinem Leben. Es erschütterte mich nicht mehr so sehr, wenn Jack mich korrigierte. Ich, die ich darauf bestand, dass er mir zuhören sollte, war nun gewillt, von ihm zu lernen, wie man eine wachsende Abhängigkeit von Christus haben konnte. 1985 war ein entscheidendes Jahr. Jack war stark genug, um nach Uganda zurückzukehren, und mir war es wichtig, bei ihm zu sein.

Nach der Reise begann ich in Jenkintown eine Reihe von Bibelstudien über den Galaterbrief in der New-Life-Gemeinde zusammen mit meinem Sohn Paul und meiner Tochter Roseann. Ich hatte viel Zeit damit verbracht, Jack Fragen zu stellen und ihm zuzuhören, wie er über den Galaterbrief lehrte. Weil ich so schnell von Christi Verdienst zu meinem eigenen wechselte, war ich begierig zu lernen, wie ich das vermeiden konnte. Das Gesetz und das Evangelium zu verstehen, wie Paulus das in seiner Lehre in dem Galaterbrief entfaltet, half mir wirklich. Paul und Roseann hatten auch viel über Gottes Weg der Gnade gelernt. Ich war später überrascht, dass so viele Menschen, die die Kassetten hörten, tiefe und gründliche Hilfe erfuhren.

Eine andere aufregende Sache passierte in dem Jahr, als Barbara (im siebten Monat schwanger), Angelo und ihr zwei Jahre alter Sohn, A. J., in unser grosses Haus in der Walnut Street einzogen. Was Sünde und Satan in unserer Familie zerstören wollten, hatte Gott jetzt wiederhergestellt und aufgebaut. Barbara und ich waren jetzt keine fremden Waisen mehr, sondern Mutter und Tochter, Schwestern und Partner zusammen in der Gnade Gottes.

Wie sieht das Leben in Jenkintown aus, wenn ich nicht reise? Manchmal musste ich den Weg freischaufeln, um in den Waschraum zu gehen und die Wäsche zu erledigen. Einmal bat ich meine Schwester, das Badezimmer zu reinigen. Weil sie nicht lesen kann und die Dose Parmesankäse wie eine Dose mit Reinigungsmittel aussah, schrubbte sie die Badewanne und das Waschbecken mit zerriebenem Käse. Ich wiederum frage mich, warum ich immer den Klempner rufen muss!

Jemand fragte Barbara einmal, wie es eigentlich ist, neun Jahre lang zusammenzuwohnen. Sie antwortete: «Hätten wir daran gearbeitet, würde es nicht klappen.» Dies ist wahrhaftig ein Bild von Gottes Gnade in unserem ganzen Leben! Vor zehn Jahren wurde mir bewusst, dass mein Perfektionismus meinen Kindern kein Glück oder Heiligung bringen würde. Ganz frei gab ich meine Familie an Gott ab und tat Busse darüber, dass ich versucht hatte, eine Familie mit meinen eigenen erbärmlichen Mitteln zu führen. Gott hatte es in mein Herz eingeprägt, dass *er* mein Haus bauen würde. Und er tat es auch. Er brachte nicht nur jedes meiner Kinder zu ihm selbst, er brachte auch ihre Kinder in das Reich seiner Liebe. Und er tat noch mehr. Wir haben nicht nur vierundzwanzig Enkelkinder, wir haben eine weltweite Familie. Das war in der Tat mehr, als ich mir jemals hätte erbitten oder denken können. Gott sei alle Ehre.

Brauche ich noch immer das Evangelium? Zu jeder Zeit! Ich treibe sehr schnell weg, wie ein Herbstblatt an einem windigen Tag. Wie passiert das? Gott möchte sein Wort gebrauchen, um wunderbare Wahrheiten in mein Herz einzuprägen. Das führt zu einer neuen Bereitschaft, ihm zu gehorchen, doch nach einer Weile verblasst die Wahrheit, während das Leben weitergeht. Ich bleibe ausgetrocknet, leer und unfruchtbar zurück. Mein Leben füllt sich dann mit unbegrenzten Verpflichtungen und

Aufgaben ohne Freude an. Was tue ich? Ich bitte den Heiligen Geist, mir zu zeigen, wo und wie ich weggetrieben wurde. Dann tue ich Busse über die Sünden, die er mir offenbart. Im Glauben verlasse ich mich auf den Heiligen Geist, dass er mein Herz verändert, um die Aufgaben des Lebens in Freude zu verwandeln. Während dieses Prozesses bitte ich Leute, für mich zu beten. Ich habe ein unterstützendes Netzwerk von Kindern, Enkelkindern, Gemeindegliedern und Freunden überall auf der Welt, die für mich beten. Ich bin gerührt, fühle mich so klein und bin tief dankbar.

Immer wieder erfahre ich, dass die Errettung nur von ausserhalb meiner selbst und von oben kommen kann. Ich darf mit Freimütigkeit zum Thron der Gnade gehen. Der Heilige Geist ist mein ständiger Seelsorger und ich kann wirklich auf seine Kraft vertrauen, mich von Sünde zu überführen, zu lehren und Christus in meinem bedürftigen Herzen zu offenbaren.

Unter der Leitung des Erneuerungsdienstes von World Harvest Mission gebe ich mit Jack in unserem «Sohnschaft»-Kurs die Charakteristiken einer Waisen und eines Sohnes weiter, indem ich viel von dem autobiografischen Material dieses Buches gebrauche. Ich betone besonders, dass die Sprache der Waisen das Klagen, Klatschen und Tratschen, Rühmen, Verteidigen und Ausredensuchen ist. Die Sprache von Söhnen und Töchtern ist, Gott die Ehre zu geben – sich in dem Werk Christi zu rühmen und die gute Nachricht anderen mitzuteilen.

Als meine Geschichte anfing, sah ich mich mehr als ein Opfer, statt als ein Sünder. Ich sah das Evangelium als etwas an, das hauptsächlich dafür da ist, dass jemand Christ wird. Die Kraft, die das Evangelium jetzt für mich hat, ist, dass ich weiss, dass es einen sicheren Ort gibt, wo ich die Last der Schuld und Sünde lassen kann. Ich kann nichts verlieren, denn ich habe jemanden, der im Himmel für mich einsteht.

Wir sind Söhne und Töchter Gottes. Wir sind nicht alleine gelassen, um von unserem Fleisch, der Welt oder Satans Plänen und Verführungen beraubt zu werden. Gott ist der grosse Initiator, der uns in allen Umständen des Lebens über Gnade belehrt. Alle, die dieses Buch lesen, möchte ich bitten, das Herz für Jesus zu öffnen, der immer für uns eintritt. Jesus begegnet unserem Bedürfnis nach Reinigung, Heiligung und Vergebung. Dann antworte auf diese Liebe damit, dass du in Liebe zu denen in deiner Familie, deiner Nachbarschaft und der Welt hinausgehst.

Ich schliesse mit einem schönem Zitat:

«Ich war es, der dich verwundet hat», sagte Aslan. «Ich bin der einzige Löwe, den du auf all deinen Reisen getroffen hast!»

«Kind», sagte der Löwe. «Ich erzähle dir *deine* Geschichte, nicht die *ihre*. Ich erzähle jedem nur seine eigene Geschichte.»
(nach C. S. Lewis, *Der Ritt nach Narnia)*

Auf die eine oder andere Weise war Gott dieser Löwe für mich. Durch meine Lebenskrisen – meine Wunden – hat er Heilung gebracht. Zur gleichen Zeit hat er mir «meine Geschichte» offenbart. Es ist eine Geschichte, die eingebettet ist in die grössere, herrlichere Geschichte von Gottes Liebe für die Welt, und die wunderbare Handlung wurde durch die Gnade geschrieben. Bei jedem wichtigen Punkt kann mein Leben in die eine oder andere Richtung gehen, abhängig von der Wahl, die ich durch meinen Charakter treffe. Die Waise wird einen schwierigen, hoffnungslosen Weg nehmen, die Tochter wird den Weg der Gnade, Freiheit und Hoffnung gehen.

Gott hat auch für dich eine Geschichte der Gnade. Während du auf das Wort Gottes hörst und dem Heiligen Geist erlaubst, es in dein Herz zu pflanzen, wirst du die Geschichte hören. Im Hören lernen wir von der Liebe, die unsere Furcht austreiben kann. Wenn wir dieser Stimme der Liebe gehorchen, erlauben wir Gottes Gnade, durch uns zu leben und zu handeln. Gottes Leben *in uns* – das ist wahre Freiheit.

Anhang A

Martin Luthers Einleitung zu seinem Kommentar über den Galaterbrief

Ich habe es, im Namen des Herrn, noch einmal in die Hand genommen, diesen Brief von Paulus an die Galater auszulegen, nicht weil ich es begehre, neue Dinge zu lehren, oder solche, die ihr nicht vorher gewusst habt, seitdem durch die Gnade Gottes Paulus euch sehr bekannt ist. Doch wir haben zu befürchten, dass Satan die Lehre des Glaubens von uns nimmt und in die Gemeinde wieder die Lehre der Werke und der menschlichen Traditionen bringt. Daher ist es sehr notwendig, dass diese Lehre kontinuierlich in die Tat umgesetzt wird und in der Öffentlichkeit Gebrauch gemacht wird davon, beides durchs Lesen und Hören.

Und obwohl es nie so bekannt sein wird, ist doch der Teufel, der ständig in Rage ist und uns versucht zu verschlingen, nicht tot. Gleicherweise ist unser Fleisch und alter Mensch immer noch lebendig. Davon abgesehen plagen und bedrücken uns von jeder Seite alle möglichen Versuchungen, so dass diese Lehre nie genug gelehrt und wiederholt werden kann. Wenn diese Lehre verloren geht, dann geht auch die Lehre von der Wahrheit, des Lebens und der Errettung verloren. Wenn diese Lehre gedeiht, dann gedeihen alle guten Dinge, Religion, der wahre Gottesdienst, die Herrlichkeit Gottes, die richtige Erkenntnis von allen Dingen, die für einen Christen erforderlich sind. Weil wir nun daher beschäftigt sind und nicht untätig, wollen wir nun dort beginnen wo wir zu einem Ende gekommen sind, gemäss dem Spruch aus dem Lied von Sirach:

«Wenn der Mensch das getan hat, was er kann, muss er wieder von vorne beginnen.»

Das Argument des Briefes von Paulus an die Galater

Es geziemt sich uns zuerst zu sehen, von welcher Angelegenheit Paulus hier spricht. Das Argument ist Folgendes: Er beginnt nun die Lehre des Glaubens, der Gnade, der Vergebung, der christlichen Gerechtigkeit darzustellen, mit dem Ziel, dass wir vollkommene Erkenntnis und Unterscheidungsfähigkeit zwischen der christlichen Gerechtigkeit und all den anderen Arten von Gerechtigkeit haben. Denn es gibt diverse Arten von Gerechtigkeit. Es gibt eine zivile oder politische Gerechtigkeit, mit welcher Könige, Herren dieser Welt, Bürgermeister und Anwälte zu tun haben. Es gibt auch eine zeremonielle Gerechtigkeit, welche die Traditionen der Menschen lehrt. Diese Gerechtigkeit kann von Eltern und Lehrern ohne Gefahr gelehrt werden, weil sie ihr nicht irgendeine Macht zumessen, die Sünde zu rechtfertigen, Gott zu gefallen, Gnade zu verdienen, denn sie lehren solche Zeremonien als nur etwas, das notwendig ist zur Korrektur bestimmer Verhaltensweisen und einiger Gebräuche des Lebens. Daneben gibt es eine andere Art von Gerechtigkeit, genannt die Gerechtigkeit, die aus dem Gesetz kommt, bzw. aus den Zehn Geboten, die Mose lehrt. Diese lehren wir auch, aber gemäss der Lehre des Glaubens.

Über allen diesen gibt es eine andere Gerechtigkeit, die Gerechtigkeit des Glaubens, oder auch christliche Gerechtigkeit, die Art, die wir sorgfältig unterscheiden müssen von den vorher genannten. Alle Gerechtigkeiten stehen sehr im Gegensatz zu der des Glaubens, weil sie aus den Gesetzen der Könige und Herrscher kommen, aus den Traditionen des Papstes und den Geboten Gottes, aber auch deshalb, weil sie in unseren Werken bestehen und von uns erlangt werden können, sowohl durch unsere natürlichen Kräfte (wie die Papstanhänger es nennen), oder aber auch durch die Gabe Gottes. Denn diese Arten der Gerechtigkeit sind auch eine Gabe Gottes, wie auch alle anderen guten Dinge, an denen wir uns erfreuen.

Doch die hervorragendste Gerechtigkeit des Glaubens, die Gott durch Jesus Christus ohne Werke uns zugeschrieben hat, ist weder politisch, noch zeremoniell und ist auch nicht die Gerechtigkeit durch Gottes Gesetz, sie besteht auch nicht aus Werken, sondern ist rein und im Gegensatz zu ihnen. Das bedeutet, dass sie eine bloss passive Gerechtigkeit ist, während die anderen aktiv sind. Denn in der Gerechtigkeit des Glaubens erarbeiten wir nichts, wir bringen nichts zu Gott, wir empfangen nur und erlauben, dass ein anderer – nämlich Gott – in uns arbeitet. Daher scheint es uns gut zu sein, diese Gerechtigkeit die passive Gerechtigkeit zu nennen. Dies ist eine Gerechtigkeit, die in einem Geheimnis verborgen ist, das die Welt nicht kennt, ja sogar Christen verstehen sie nicht vollkommen und nehmen sie kaum in Anspruch in ihren Versuchungen und Anfechtungen. Daher muss sie fleissig gelehrt und geübt werden. Wer diese Gerechtigkeit nicht versteht und erfasst, im Leiden und Gewissensnöten, wird mit Sicherheit fallen. Denn es gibt keine Gewissensberuhigung, die so sicher und fest ist, wie diese passive Gerechtigkeit.

Das beunruhigte Gewissen hat in Anbetracht von Gottes Gericht kein Heilmittel gegen die Verzweiflung und den ewigen Tod, es sei denn, es nimmt die Vergebung der Sünden durch Gnade in Anspruch, die umsonst von Jesus Christus angeboten wird, welches dieser passive Glaube ist bzw. die christliche Gerechtigkeit, welche, wenn sie verstanden wird, zur Ruhe führt und freimütig sagen kann: Ich suche nicht die aktive bzw. Werkesgerechtigkeit, denn wenn ich sie hätte, könnte ich ihr nicht vertrauen und würde es auch nicht wagen, sie dem Urteil Gottes entgegenzustellen.

Dann mache ich mich frei von aller aktiven Gerechtigkeit, sowohl von meiner eigenen als auch von der durch Gottes Gesetz und ergreife nur die passive Gerechtigkeit, welche die Gerechtigkeit der Gnade, Barmherzigkeit und Vergebung der Sünden ist. Kurz gesagt, ich vertraue nur dieser Gerechtigkeit, welche die Gerechtigkeit Christi und des Heiligen Geistes ist. Die grösste Erkenntnis und die höchste Weisheit der Christen ist, das Gesetz nicht zu kennen, Werke und die ganze aktive

Gerechtigkeit zu missachten, besonders, wenn das Gewissen mit Gott kämpft. Genau wie auf der Gegenseite, bei denen die Gott nicht kennen, die grösste Weisheit die ist, das Gesetz und die aktive Gerechtigkeit zu kennen, und sie nachdrücklich zu betonen. Doch es ist eine merkwürdige Sache und der Welt unbekannt, wenn man Christen lehrt, dem Gesetz gegenüber unwissend zu sein und vor Gott so zu leben, als gäbe es kein Gesetz. Nichtsdestotrotz, es sei denn, du ignorierst das Gesetz und bist in deinem Herzen ganz sicher überzeugt, dass es nun kein Gesetz, keinen Zorn Gottes gibt, sondern nur Gnade und Barmherzigkeit um Christi Willen, so kannst du nicht gerettet werden, denn durch das Gesetz kommt Erkenntnis der Sünde. Im Gegensatz dazu werden in der Welt die Werke und das Halten des Gesetzes ganz streng gefordert, als gäbe es keine Verheissungen oder Gnade.

Hier wird nun jemand benötigt, der das Wort Gottes weise und treu ordnen und so das Gesetz mässigen kann, so dass es in seinen Grenzen gehalten wird. Derjenige, der lehrt, dass ein Mensch durch das Halten des Gesetzes vor Gott gerechtfertigt wird, bricht die Grenzen des Gesetzes und verwechselt diese zwei Arten der Gerechtigkeit, die aktive und die passive, und dies ist ein Denkfehler, denn er unterscheidet nicht korrekt. Im Gegensatz dazu teilt derjenige das Wort richtig, der das Gesetz und die Werke dem alten Menschen zuschreibt und die Verheissung und Vergebung der Sünden sowie Gottes Barmherzigkeit dem neuen Menschen. Denn das Fleisch bzw. der alte Mensch müssen mit dem Gesetz und Werken verbunden sein, während der Geist oder der neue Mensch verbunden sein müssen mit den Verheissungen Gottes und seiner Barmherzigkeit. Daher, wenn ich einen Menschen bedrückt vom Gesetz sehe, gequält von Sünde und dürstend nach Trost, dann wird es Zeit, das Gesetz und die aktive Gerechtigkeit aus seinem Blickwinkel zu nehmen und ihm durch das Evangelium die christliche bzw. passive Gerechtigkeit zu geben, welche – Mose und das Gesetz ausgeschlossen – die Verheissungen, die in Christus sind, anbietet, der für die Belasteten und die Sünder kam. Hier wird dem Menschen wieder aufgeholfen und er empfängt die gute Hoffnung und er ist nicht mehr unter dem Gesetz, sondern unter der Gnade. Inwiefern nicht unter dem Gesetz? Gemäss dem neuen Menschen, den das Gesetz nicht betrifft. Denn das Gesetz hat seine Grenzen bei Christus, wie Paulus sagt: «Denn Christus ist das Ende des Gesetzes» (Röm. 10,4). Er ist gekommen und Moses mit seinem Gesetz, die Beschneidung, die Opfer und die Sabbate, ja all die Propheten kommen zu einem Ende.

Dies ist unsere Theologie, wobei wir lehren, zwischen diesen zwei Arten der Gerechtigkeit, aktive und passive, zu unterscheiden mit dem Ziel, dass die Sittlichkeit und der Glaube, Werke und Gnade, Regeln und Religion, nicht verwechselt werden bzw. das eine für das andere gehalten wird. Beide sind nötig, aber sie müssen in ihren Grenzen bleiben. Christliche Gerechtigkeit betrifft den neuen Menschen und die Gerechtigkeit des Gesetzes betrifft den alten Menschen, welcher aus Fleisch und Blut geboren ist. Auf diesen alten Menschen muss wie auf einen Esel eine Last gelegt werden, die ihn niederdrückt, und er darf nicht die Freiheit des Geistes der Gnade geniessen, es sei denn, er zieht zuerst den neuen Menschen durch den Glauben an Christus an (was dennoch in diesem Leben nicht vollkommen erreicht wird). Dann kann er sich am Königreich und dem unschätzbaren Geschenk der Gnade erfreuen.

Das sage ich darum, dass niemand denken möge, wir verböten oder lehnten gute Werke ab, wie die Papstanhänger uns vorwerfen, weil sie weder verstehen, was sie selbst sagen, noch verstehen, was wir lehren. Sie kennen nichts als die Gerechtigkeit des Gesetzes, und doch urteilen sie über die Lehre, die weit über dem Gesetz ist und deren Richter niemals der fleischliche Mensch sein kann. Daher müssen sie auch Anstoss nehmen, weil sie nichts Höheres als das Gesetz sehen können. Was auch immer dann über dem Gesetz steht, ist ihnen ein grosses Ärgernis. Doch stellen wir uns vor, als wenn es zwei Welten wären, die eine himmlisch, die andere irdisch. In diese Welten geben wir diese zwei Arten der Gerechtigkeit hinein, die eine weit von der anderen entfernt. Die Gerechtigkeit des Gesetzes ist irdisch und hat mit irdischen Dingen zu tun. Doch wie die Erde keine Frucht bringt, es sei denn, sie wird zuerst von oben bewässert, so ist es bei der Gerechtigkeit des Gesetzes: Im vielen Tun tun wir doch nichts und im Erfüllen des Gesetzes erfüllen wir es doch nicht, es sei denn, dass wir zuerst gerecht gemacht worden sind durch die christliche Gerechtigkeit, die nichts zu tun hat mit der Gerechtigkeit aus dem Gesetz bzw. der irdischen und aktiven Gerechtigkeit. Aber diese andere Gerechtigkeit ist himmlisch, die wir nicht aus uns selbst heraus haben, sondern wir empfangen sie vom Himmel: Wir arbeiten nicht für sie, sondern durch die Gnade ist sie in uns gelegt worden, und sie wird angenommen durch den Glauben, wodurch wir über allen Gesetzen und Werken stehen. So wie wir das Bild vom menschlichen Adam getragen haben, so sollen wir auch das Bild vom himmlischen Adam tragen, welches der neue Mensch in einer neuen Welt ist, wo kein Gesetz, keine Sünde, keine Gewissensbisse, kein Tod, sondern perfekte Freude, Gerechtigkeit, Gnade, Friede, Errettung und Herrlichkeit ist.

Wie? Tun wir dann nichts? Erarbeiten wir nichts, um diese Gerechtigkeit zu erhalten? Ich antworte: Nichts, aber auch gar nichts. Denn dies ist vollkommene Gerechtigkeit, nichts zu tun, nichts zu hören, nichts von Gesetz oder Werken zu kennen, sondern das alleine zu kennen und zu glauben, dass Christus zum Vater gegangen ist und jetzt nicht gesehen wird, dass er zur Rechten seines Vaters sitzt, nicht als Richter, sondern für uns von Gott gesetzt zur Weisheit, Gerechtigkeit, Heiligung und Erlösung; kurz gesagt, dass er unser Hohepriester ist, der für uns einsteht und über uns herrscht und in uns lebt durch seine Gnade. In dieser himmlischen Gerechtigkeit kann Sünde keinen Platz haben, denn es gibt dort kein Gesetz, und wo kein Gesetz ist, da kann es auch keine Übertretung geben (Röm. 4,15). Wir sehen also, dass Sünde hier keinen Platz hat, und so kann es auch keine Qual des Gewissens geben, keine Furcht, keine Last. Daher sagt auch Johannes (1. Joh. 5,18). «Der, der von Gott geboren ist, kann nicht sündigen.»

Wenn es aber irgendeine Furcht oder Gewissensschmerz gibt, dann ist es ein Zeichen, dass diese Gerechtigkeit sich zurückgezogen hat, dass die Gnade verborgen ist und Christus verdunkelt ist und ausserhalb unserer Sichtweite. Doch wo Christus wirklich gesehen wird, da muss vollkommene Freude im Herrn mit Frieden im Gewissen sein, so dass man wie folgt denkt: Obwohl ich ein Sünder durchs Gesetz bin und unter der Verurteilung des Gesetzes stehe, so verzweifle und sterbe ich doch nicht, denn Christus lebt, der beides ist – meine Gerechtigkeit und mein ewiges Leben. In dieser Gerechtigkeit und in diesem Leben habe ich keine Sünde, keine Angst, keine Gewissensbisse, keine Sorge über den Tod. Ich bin in der Tat ein Sünder, was das gegenwärtige Leben und die Gerechtigkeit daraus betrifft, als ein Kind von Adam. Doch habe ich eine andere Gerechtigkeit und ein anderes Leben, über diesem Leben hier, welches Christus der Sohn Gottes ist, der keine Sünde und keinen Tod kennt, sondern der Gerechtigkeit und ewiges Leben ist. Durch ihn wird dieser mein Leib, wenn er tot und zu Staub geworden ist, wieder auferstehen und errettet von der Last des Gesetzes und der Sünde und wird geheiligt werden zusammen mit dem Geist.

So existieren beide fort, während wir hier leben. Das Fleisch ist angeklagt, geübt durch Versuchungen, bedrückt mit Kummer und Sorgen, bedrängt von seiner aktiven Gesetzesgerechtigkeit. Aber der Geist regiert, freut sich und ist gerettet durch die passive christliche Gerechtigkeit, weil er weiss, dass er einen Herrn im Himmel zur Rechten des Vaters hat, der das Gesetz, die Sünde und den Tod abgeschafft hat und alle bösen Mächte unter seine Füsse getreten hat. Er hat sie gefangen genommen und über sie triumphiert (Kol. 2,15).

Daher ist Paulus in diesem Brief auch so eifrig damit beschäftigt, uns zu lehren, uns zu trösten, uns zu halten in der vollkommenen Erkenntnis dieser höchsten christlichen und hervorragendsten Gerechtigkeit. Denn wenn der Glaubensartikel über die Rechtfertigung eines Tages verloren geht, dann ist alle wahre christliche Lehre verloren. Und die vielen in der Welt, die nicht an dieser Lehre festhalten, sind entweder Juden, Türken, Anhänger des Papstes oder Häretiker. Denn zwischen der Gesetzesgerechtigkeit und der christlichen Gerechtigkeit gibt es keinen Mittelweg. Derjenige, der sich von der christlichen Gerechtigkeit entfernt, wird notwendigerweise in die Gesetzesgerechtigkeit fallen. Das bedeutet, wenn er Christus verloren hat, muss er zwangsläufig in das Vertrauen auf seine eigenen Werke verfallen.

Daher tragen wir die Lehre des «Glaubens» bzw. der christlichen Gerechtigkeit auch so ernstlich vor und wiederholen sie so oft, damit sie bewahrt wird durch ständiges Einüben und damit sie deutlich von der aktiven Gerechtigkeit aus dem Gesetz unterschieden wird. Ansonsten werden wir nicht in der Lage sein, die wahre Theologie zu bewahren (denn durch diese alleinige Lehre wird die Kirche gebaut und in ihr besteht sie), und nach und nach würden wir dann zu kirchlichen Rechtsgelehrten, Befolgern von Zeremonien, Befolgern des Gesetzes oder Anhängern des Papstes, und Christus wäre so verdunkelt, dass niemand in der Kirche richtig gelehrt und getröstet würde. Daher ermahne ich euch, besonders die, die Lehrer und Leiter der Gewissen werden, und auch jeden Einzelnen, dass ihr euch fortwährend einübt durch Studieren, durch Lesen, durch Nachsinnen über das Wort und durch Gebet, dass ihr in Zeiten der Anfechtung in der Lage seid, eure Gewissen und auch die der anderen zu lehren und zu trösten und sie von dem Gesetz zur Gnade zu bringen, von der aktiven und arbeitenden Gerechtigkeit zur passiven empfangenen Gerechtigkeit. Um es zusammenzufassen: «von Mose zu Christus».

Lasst uns fleissig lernen, zwischen den beiden Arten der Gerechtigkeit zu unterscheiden, dass wir wissen, wie weit wir dem

Gesetz gehorchen sollen. Wir haben vorher bereits gesagt, dass das Gesetz bei einem Christen nicht seine Grenzen überschreiten soll, sondern nur Herrschaft über das Fleisch haben soll, welches ihm unterworfen ist und auch unter ihm bleibt. Doch wenn es sich anmasst, ins Gewissen zu schleichen und dort versucht zu regieren, dann sehe zu, dass du den schlauen Gelehrten spielst und die wahre Trennung vollziehst. Sage dann: «O, Gesetz, du willst in das Reich meines Gewissens klettern und es dort mit Sünde anklagen und mir die Freude des Herzens rauben, die ich durch den Glauben an Christus habe und mich in die Verzweiflung treiben, so dass ich ohne Hoffnung sei und völlig untergehe. Bleibe in deinen Grenzen und übe deine Macht auf das Fleisch aus. Denn ich bin getauft und durch das Evangelium bin ich berufen, teilzunehmen an der Gerechtigkeit und dem ewigen Leben.»

Wenn die christliche Gerechtigkeit in meinem Herzen regiert, steige ich vom Himmel herunter, wie der Regen die Erde fruchtbar macht. Das bedeutet, ich tue gute Werke, wie und wo auch immer sich eine Gelegenheit bietet. Wenn ich ein Diener des Wortes bin, dann predige ich, tröste, die zerbrochenen Herzens sind, teile die Sakramente aus. Wenn ich ein Hausbesitzer bin, stehe ich meiner Familie und meinem Haus gut vor in der Furcht Gottes. Wenn ich ein Knecht bin, tue ich das, was mein Herr von mir verlangt in Treue. Um es zusammenzufassen: Wer ganz fest überzeugt ist, dass Christus alleine seine Gerechtigkeit ist, arbeitet nicht nur fröhlich in seiner Berufung, sondern unterwirft sich auch durch Liebe den Herrschern und ihren Gesetzen, ja, seien sie auch hart, auch wenn nötig allen Arten von Lasten sowie allen Gefahren des gegenwärtigen Lebens, weil er weiss, dass das der Wille Gottes ist und dieser Gehorsam Gott wohlgefällt. So viel zu der Auseinandersetzung, die Paulus in dem Brief behandelt. Er ergreift die Gelegenheit, sich gegen falsche Lehrer zu stellen, die diese Gerechtigkeit aus Glauben bei den Galatern verdunkelt hatten, indem er seine Autorität und sein Amt verteidigt und herausstellt.

Anhang B

Charaktereigenschaften einer Waisen

Das Leben ist bewusst oder unbewusst auf die persönliche Selbständigkeit und moralische Willenskraft gerichtet, indem man Gnade so versteht, dass Gott einem die eigene Kraft stärkt – aber Gnade wird nicht als verändernde Kraft verstanden.

Der Glaube wird als der Versuch definiert, sich stärker anzustrengen und besser zu werden, mit dem Blick darauf, ein gutes Führungszeugnis zu erarbeiten, das zur Selbstrechtfertigung führt.

Gehorsam ist bezogen auf äussere, sichtbare Pflichten, wobei die Ansichten und inneren Motivationen praktisch ignoriert werden.

«Was Menschen denken» wird als der wahre moralische Standard angesehen; er basiert auf sichtbarem Erfolg oder Versagen.

Eine «Ich-bin-ein-Opfer»-Einstellung wird durch Bewältigungsstrategien unterstützt: Klatschen und Tratschen und Selbstverteidigung. All dies wird begleitet durch intensive Gefühle des Alleinseins, durch den Glauben, dass einen niemand versteht und man durch die Umstände in eine Falle geraten ist.

Charaktereigenschaften eines Sohnes bzw. einer Tochter

Zunehmendes Vertrauen in Gott als Vater durch die Kenntnis der Lehre vom Kreuz.

Bauen einer Partnerschaft mit Gott; Verlassen auf den Heiligen Geist für ein bereitwilliges und gehorsames Leben.

Vergeben, anstatt zu richten und zu verurteilen; die Abwehrhaltung ablegen und lernen zu hören.

Sich auf den Heiligen Geist verlassen; die Stimme für die Anbetung gebrauchen und nicht zum Klagen, Klatschen und Tratschen.

Durch den Glauben Gottes souveränen Plan für das eigene Leben als weise und gut erkennen – ein Plan, den man nicht fürchten muss.

Lernen zu beten; anerkennen, dass wir keine eigenen Mittel haben und die Verheissungen Gottes in Anspruch nehmen.

Sich auf den Heiligen Geist verlassen, indem man mit seinen Sünden, Lasten und Bedürfnissen schnell zu Christus geht und dadurch tägliche Vergebung und Reinigung erfährt.

World Harvest Mission bietet Audio- und Video-Kassetten (englischsprachig) zu folgenden Themen an:

SOHNSCHAFT: Das Fundament des World Harvest Mission-Trainingkurses. Eine Serie mit sechzehn Kassetten, die sich auf Sohnschaft konzentriert und versucht, das Evangelium im Herzen des Gläubigen wachsen zu lassen. (Audio oder Video)

GALATER: Eine Serie über acht Lektionen von Rose Marie Miller, die die Zuhörer zur Busse und zu Christus führt. (Audio)

VON SCHULD ZUR GNADE: Eine Serie mit zwölf Kassetten über zwölf Lektionen von Rose Marie Miller über Römer 1–8, die den Gläubigen ermutigt, täglich aus der Gnade und nicht aus eigener Anstrengung zu leben. (Audio)

ERZIEHUNG DURCH GNADE: Jack und Rose Marie Miller mit ihrer Tochter Barbara teilen in dieser Serie von sieben Kassetten ihre Erfahrungen in der Erziehung mit, und wie man das Gewissen des Kindes erreicht, ein Herz für Gott zu haben. (Audio oder Video)